Was war der Mensch?

Holger Niederhausen

Was war der Mensch?

Das Menschenwesen hat eine tiefe Sehnsucht nach dem Schönen, Wahren und Guten. Diese kann von vielem anderen verschüttet worden sein, aber sie ist da. Und seine andere Sehnsucht ist, auch die eigene Seele zu einer Trägerin dessen zu entwickeln, wonach sich das Menschenwesen so sehnt.

Diese zweifache Sehnsucht wollen meine Bücher berühren, wieder bewusst machen, und dazu beitragen, dass sie stark und lebendig werden kann. Was die Seele empfindet und wirklich erstrebt, das ist ihr Wesen. Der Mensch kann ihr Wesen in etwas unendlich Schönes verwandeln, wenn er beginnt, seiner tiefsten Sehnsucht wahrhaftig zu folgen...

1. Auflage September 2015

© Holger Niederhausen · Alle Rechte vorbehalten
Herstellung und Verlag:
BoD – Books on Demand, Norderstedt
ISBN 978-3-7386-4900-0

Der Mensch vermag in jedem Augenblicke
ein übersinnliches Wesen zu sein.

Novalis

INHALT

Vom Geheimnis des Glücks 9

Das Wunder der Liebe 27

Die Liebe zum Mitmenschen... 43

Der Mensch und das Mädchen 61

Das Mysterium des guten Willens..................................... 75

Das Wesen der Liebe und seine Widersacher............... 103

Das Wesen des Kindes... 131

Das Denken und das Wesen der Welt........................... 173

Was war der Mensch?
Wann war man Mensch? Wenn man vor einem Bildschirm saß und seine tägliche Arbeit tat? Wenn man müde von der Arbeit nach Hause fuhr, in überfüllten Bussen saß oder zu Fuß den Weg nach Hause überbrückte? Wenn man einmal frei von jeder Pflicht durch eine Sommerwiese ging? Wenn man einmal nichts tat, als sich hinzulegen und den ziehenden Wolken zuzuschauen? Oder wenn man der Liebe seines Lebens begegnete?
Was war der Mensch?

Tat man dies überhaupt? Ging man einmal frei von jeder Pflicht durch eine Sommerwiese? Oder war man noch nie im Leben wirklich durch blühende Blumen gegangen? Oder war man schon jahrelang nicht mehr frei von jeder Pflicht – oder von Gedanken daran? Wie sehr war man überhaupt eingeengt – in Pflichten, in Gedanken, in Gefühlsarmut, die einem den Atem nahm, ohne dass man es ... merkte?
Wer hatte diese Momente, dass er einmal alles abschüttelte und im Spätsommer durch ein reifendes Getreidefeld ging, den sanften Wind spürte, seine Hände ausstreckte und das sanfte Streicheln der Ähren unter den Handflächen spürte? Dass er dabei in tiefstem Glück und in absoluter Freiheit seine Lungen mit Luft füllte, um sie in tiefster Dankbarkeit wieder auszuatmen?
Kannte man überhaupt solche Momente tiefsten Glücks? Momente in denen einen nichts belastete, weil man alles loslassen konnte – alles, außer das, was man gerade erlebte? Den Duft des Getreides, das Gefühl des Windes, das Streicheln der Ähren...
Konnte man das überhaupt erleben? Oder würde man durch das Getreide gehen, die Grannen fühlen, ein wenig aufatmen, aber doch ... nichts fühlen? Oder fast nichts... Was musste geschehen, damit man *Glück* empfinden konnte? Was musste,

was konnte man tun, um glücklich zu sein – zumindest für einen Moment?

War es nicht so, dass man auch sich selbst ein bisschen loslassen musste? Also nicht nur die Pflichten, die Sorgen, die ewigen Gedanken, sondern auch das Übrige? Was war dieses Übrige? Was war es, das machte, dass man nur die Grannen fühlte, aber nicht das Glück – nicht das große, tiefe, wunderbare Glück, das einen *von selbst* unendlich tief einatmen und wieder ausatmen ließ?
Es gab doch nur zwei Möglichkeiten. Entweder die Welt war gar nicht so schön, dass man glücklich sein konnte... Was war schon ein reifendes Getreidefeld... Das war die eine Möglichkeit. Oder aber man selbst war es, der sich im Wege stand, der einfach verlernt hatte, wie es war, sich glücklich zu fühlen; wie man das *machte*. Was man tun konnte, damit dieses Gefühl in einen einströmen, in einem aufsteigen, sich in einem ausbreiten konnte...
Wer aber ehrlich zu sich selbst war, musste doch empfinden, dass es irgendwie nur die zweite Möglichkeit geben konnte? Man stand sich selbst im Weg. Man tat fortwährend etwas, was verhinderte, dass man, selbst in einem reifenden Getreidefeld an einem friedlichen, goldenen Sommertag, glücklich war. Oder man tat fortwährend etwas *nicht*, wodurch man das Glück unmittelbar würde empfinden können. Aber was war es?

Kinder waren doch noch glücklich. Und hatten wir selbst nicht auch Kindheitserinnerungen? Erinnerungen und Bilder, die mit der Natur verbunden waren. Gab es da nicht einen besonderen Zauber, einen noch ganz anderen Glanz, ein anderes Erleben als das, was man jetzt hatte? Wodurch gab es das? Und wodurch hatte man es jetzt nicht mehr?
Das ganze Bewusstsein verwandelte sich vom Kind zum Erwachsenen. Der Erwachsene fühlte weniger, aber vor allem

dachte er mehr. Fortwährend war er am Denken. Und hatte ein klares, scharfes Bewusstsein, Selbstbewusstsein. Nicht nur klar, sondern auch starr. Starr und trocken und immer bei sich. Abstrakt und gefühllos und immer bei sich... War es nicht so? War das nicht der Grund, warum die Ähren unsere Hände streicheln konnten – und wir ihre Zärtlichkeit gar nicht bemerkten? Lag es nicht hieran, dass die Ähren und das ganze Weizenfeld, der Wind, der Duft, der Sommertag uns gar nichts *bedeuten* konnten? Nicht in der Tiefe...?
Was war denn der Moment des Glücks? War es nicht der Moment, wo man Schönheit spürte? Die stille Schönheit des Moments, des Seins, in diesem Augenblick? Aber auch das Werden – das Reifen des Weizens, der leise Wind, der zum Sommer gehörte, aber auch gerade zu *diesem* Sommertag, zu dieser Stunde... War es nicht dies alles, was einen dann ... *berührte*?
Und war dies nicht genau das Glück, dieser entscheidende Moment? Die *Berührung* durch das, was uns umgab? War dies nicht gerade das Wunder? Dass es Momente gab, in denen alles, was wir wahrnahmen, uns berührte – und in dieser Berührung die Grenze zwischen uns und dem, was uns umgab, verschwamm?
War es nicht so, dass in dem Moment der Berührung die Welt, die uns umgab, uns in all ihrer Schönheit für einen Augenblick *aufnahm*? Wirklich aufnahm? So dass wir nicht nur ein ferner, abstrakter Gast in ihr waren, völlig allein mit uns und unserer Empfindungslosigkeit, sondern wirklich aufgenommen in ihr? Wir in ihr und sie um uns...
War dies nicht das Geheimnis der Zärtlichkeit der Ähren? Dass das Glück da begann, wo wir *wirklich* durch das Feld gingen, nicht nur räumlich, sondern mit allem, was wir wirklich waren... Und dass erst in dem Moment das reifende Feld wirklich um uns war, der leichte Sommerwind wirklich um uns war, die Ähren wirklich bei uns waren und wir nun erst ihre Zärtlichkeit spürten...

Wann aber waren wir einmal wirklich bei den Dingen? Wann waren wir so bei ihnen, dass wir sie nicht mehr als Dinge, als nüchterne Wahrnehmungsobjekte betrachteten, sondern dass alles um uns herum Leben gewann, intensive Gegenwärtigkeit? Wann waren wir selbst gegenwärtig, wirklich da...
War nicht dies das Geheimnis? Wirklich *da zu sein*? Und war dies nicht das Geheimnis des fehlenden Glücks? Dass man nie wirklich da war, in keinem Moment? Wo war man dann aber? Eingesperrt in das viel zu abstrakte Denken, Wahrnehmen, Bewusstsein... Aber in diesem Abstrakten war man weder wirklich *da*, noch war man *wirklich* da. Man war eigentlich gar nichts. Man bewegte sich durch die Welt, aber man berührte sie nicht wirklich, und man wurde von ihr auch nicht berührt.
Man konnte den Wind bemerken, die Ähren berühren, ja sogar ausreißen, man konnte den Sommer bemerken – und doch konnte man verzweifelt begreifen, dass man den Ähren, dem Wind, dem Sommertag, dem ganzen Augenblick nicht näher kam ... und sie alle einem auch nicht.

Um das Berührtwerden ging es. Aber wann wurde man berührt? Man konnte es nicht erzwingen. Man konnte nur spüren, dass man etwas loslassen und etwas intensivieren musste. Loslassen oder verwandeln musste man das, was einen sonst so hart außerhalb alles Übrigen stellte. Das Abstrakte. Das, was den Dingen ihre festen Namen gab, sie einordnete, was auch einen selbst einordnete. Ich bin hier, die Welt ist da. Getrennt... Ich sehe die Ähren. Ich will sie fühlen. Ich will den Sommertag spüren. Ich, ich, ich... Aber diesem Ich näherte sich der Sommertag nicht, und die Ähren schraken vor ihm zurück. Denn man war ja gar nicht bei *ihnen*.
Wurde man nicht nur in dem Moment berührt, wo man das Berührende erlebte? Aber was berührte denn? Und was wurde berührt? Konnte denn nicht nur das Herz berührt werden? Musste man also nicht, um überhaupt berührt zu werden, in

sein Herz hinabsteigen? Musste man das reifende, vom Wind gestreichelte Getreidefeld nicht erst wieder mit dem Herzen erleben lernen? Aber wie machte man das?
Man wollte so gerne etwas fühlen – aber wie konnte man es? Man wollte das Glück, die Verbundenheit, das Berührtsein fühlen – aber stand man sich nicht noch immer fortwährend im Weg? Was gehörte denn dazu?
War dieser Wunsch, dieses Begehren, diese Sehnsucht nicht noch immer viel zu egoistisch, zu selbstbezogen? War es nicht noch immer so, dass man von der Natur, dem Weizenfeld, dem Sommertag forderte, es möge sich erschließen, es möge einen berühren? Wieviel war man dafür denn bereit, selbst zu *geben*? Konnte das Wunder der Berührung sich denn ereignen, wenn man sich selbst nicht auch gab? Konnte sich überhaupt jemals ein Wunder ereignen, wenn man nicht auch selbst *alles* hingab?
War denn nicht gerade dies das Wunder des Berührtwerdens, des glückerfüllten Berührtwerdens durch das, was einen umgab, durch diesen gegenwärtigen, unwiederbringlichen Moment? Dass man selbst auch alles hingab, was man hatte? Aber was *hatte* man denn zu geben? Was konnte man dem Sommertag, dem Wind, den Ähren geben – die doch bereits darauf warteten, unsere Handfläche nicht nur zu berühren und zu streifen, sondern wirklich zu streicheln?
Ja – was hatte man zu geben...? Hatte man etwas zu geben?

Wenn man in sich ging, musste man doch finden können, ob man selbst auch etwas zu geben hatte. Man selbst sehnte sich nach dem Glück, nach der Berührung, nach dem wirklichen Erleben des Momentes und seines Wunders, seines Zaubers. Die Sehnsucht war vielleicht sogar ein innerer Drang, eine verzweifelte Hoffnung – gegenüber sich selbst und gegenüber dem, was um einen war. Aber konnte man in einer solchen Stimmung, die doch auch etwas von innerer Gewalt hatte, diesen sanften Moment des Zaubers, diesen zarten Zauber des

Moments erleben? Nein – und zwar, weil man noch immer nicht bereit war, auch etwas zu *geben*...
Aber was nur? Die Sehnsucht war einseitig, sie wollte etwas bekommen, sie hoffte auf etwas, sehnte sich nach etwas. Aber was konnte man geben?
Die Sehnsucht würde sich nie von selbst erfüllen – sie würde uns, je verzweifelter unser Verlangen werden würde, nur immer weiter von allem fortführen, was wir ersehnten. Aber was würde geschehen, wenn wir dies erkannten? Was würde geschehen, wenn wir spürten, dass wir keine Möglichkeit hatten, der Zärtlichkeit der Ähren und dem tiefen Erleben des Sommertages näher zu kommen ... wenn sie sich uns nicht selbst schenkten? Und wenn wir zugleich spürten, dass sie sich uns nie schenken würden und auch gar nicht schenken konnten, wenn wir ihnen nicht auch etwas entgegenbrachten? Was würde geschehen, wenn wir an diesen Punkt ... der Ohnmacht kämen?

Der Punkt der Ohnmacht würde das, was in uns wirksam war, verwandeln, ja umkehren. Die Ohnmacht war der Punkt, wo das eigene Wünschen, die eigene Sehnsucht, das eigene innere Streben aufhörte. Das Wunder aber war, dass gerade *dann* alles Übrige einem entgegenkommen konnte.
Aber warum? Weil wir selbst uns und den Dingen, dem Lebendigen um uns, entgegenstanden. Unsere Sehnsucht war noch immer eine Aktivität, die uns an uns selbst fesselte und die Dinge von uns fort stieß. Wir ersehnten zwar die Vereinigung mit der Welt, aber zugleich kamen wir von uns überhaupt nicht los. Denn noch immer waren wir nicht bereit, auch etwas zu geben.
In der Ohnmacht gaben wir dann etwas... Wir gaben unser Selbst; jenes fortwährende Wollen und Wünschen, das sogar noch in der Sehnsucht eine Art Erreichenwollen blieb, aber damit uns selbst von den Dingen getrennt hielt. Denn die Sehnsucht blieb immer mit dem abstrakten Denken und

Wahrnehmen verbunden. Wir waren es ja selbst in unserer ganzen Abstraktion, die diese Sehnsucht hatten – es war im Grunde die Abstraktion *selbst*, die eine Sehnsucht nach dem lebendigen Erleben hatte, es aber nie erreichen konnte.
Im Punkt der Ohnmacht aber war es möglich, beides loszulassen – die fortwährende Sehnsucht, aber auch das fortwährend Abstrakte. Zumindest ein bisschen loszulassen. Man musste dies bemerken, darauf achten ... wie im Moment der Ohnmacht es geschah, dass man sich selbst zumindest ein kleines Stück losließ und so die Welt zumindest ein kleines Stück näherkommen konnte...
Aber dies war noch nicht alles, was man geben konnte. Es war schon viel – ein Stück von sich selbst; aber es war noch nicht alles. In der Ohnmacht gab man nicht nur die Sehnsucht auf, sondern auch den Hochmut, man könne durch inneres ‚Fühlen', ‚Erleben' der Welt näherkommen und so die Welt eigentlich zwingen, sich zu erschließen. Wenn man nicht bereit war, *noch* etwas zu geben, würde dies nie geschehen, niemals...

Im Grunde lag das Mysterium offen zutage. Denn *wovon* wurde man eigentlich berührt? In welchem Moment war man von etwas berührt? Es war der Moment ... wo man anfing, es zu lieben. Und dies war, fast, schon das ganze Geheimnis. Die wirkliche Berührung ereignete sich da, wo man das, was einen berührte, wirklich liebte. Es gab zwei Möglichkeiten: Entweder es entzündete sich eine innige Liebe zu dem, was man wahrnahm, und dies strömte über in den Moment der tiefen Berührung ... oder man empfand auf einmal eine innige Berührung, und dieser Moment strömte über in eine tief sich entzündende Liebe...
In Wirklichkeit waren beide Möglichkeiten eins, sie unterschieden sich nur in der Frage, was einem zuerst bewusst wurde. In dem einen Fall war einem der Moment der Berührung noch nicht bewusst, obwohl er schon da war, in dem

anderen Fall war einem die Liebe noch nicht bewusst, obwohl sie schon da war. Berührung und Liebe waren *eins*...
Man konnte von nichts berührt werden, was man nicht liebte – und man konnte nichts lieben, von dem man nicht berührt wurde.
Aber *ein* Geheimnis gab es hier noch. Und das war das Wunder, dass hier kein Automatismus vorlag. Die Liebe war in Kategorien von Ursache und Wirkung oder von Zwangsläufigkeit und Notwendigkeit nicht zu fassen. Der Mensch konnte noch immer etwas tun. Sonst wäre es gar nicht möglich, von einem Zustand des Nicht-Berührtwerdens in einen Zustand des Berührtwerdens zu kommen. Für immer bliebe es entweder das Eine oder das Andere.
Was also war es, was man tun konnte, wenn man sich so sehr nach einem Berührtwerden durch das sehnte, was einen umgab? Und wenn dieses sich scheinbar entzog – weil man sich selbst eigentlich entzog? Was konnte man *geben*? Was war es, was mehr war als nur jener Teil des Selbstes, der in der Ohnmacht das eigene Sehnen aufgab, der in der Ohnmacht einen Teil der eigenen Abstraktheit aufgab? Was war mehr als das?

Es war die Liebe. Die Liebe öffnete alle Türen. Die Liebe erschloss alle Quellen. Die Liebe überwand alle Hindernisse. Die Liebe berührte die Dinge – und ihre Berührung lud die Dinge ein, sich einem zuzuwenden, auf dass auch sie einen berührten... Aber dies war nur im übertragenen, bildlichen Sinne gesprochen. In Wirklichkeit war dies eins und geschah im selben Moment. Und eigentlich tat die Liebe nur Eines: Sie kehrte unsere eigene Abwendung um.
Man mochte eine noch so große Sehnsucht nach einem Berührtwerden durch die Dinge haben, man kehrte sich selbst dennoch so lange von ihnen ab, bis man anfing, sich in Liebe ihnen *zuzuwenden*. Alles andere war überhaupt noch keine Zu-wendung...

Was also tat die Liebe? Sie wendete den Menschen den Dingen zu. Vorher stand er ihnen zwar gegenüber, aber er war ihnen nicht zugewandt...
Das war es, was man geben konnte. Die Liebe... Und dies war mehr als alle Sehnsucht, die den Menschen selbst doch noch am gleichen Ort bleiben ließ, allenfalls ein Wünschen war, ein Sehnen, aber nur in Gedanken, nur im Gefühl... In der Liebe jedoch wandte sich der *ganze* Mensch den Dingen zu. In der Liebe eilte er ihnen entgegen, in der Liebe war er es selbst, der die Dinge liebkoste, preiste und dankbar fühlte, sah und schaute.
Und wie sollten *dann* die Dinge nicht auch beginnen, ihn zu liebkosen und sich ihm zu geben, dankbar, ja jubelnd, dass der Mensch sie *sah*...

Die Liebe war das Einzige, was zu einer gegenseitigen Berührung führen konnte. Ohne die Liebe gab es kein Glück, es war einfach nicht möglich. Noch der kleinste Moment des Glücks entzündete die Liebe. Noch der kleinste Moment der Liebe entzündete das Glück...
Alles, was man tun musste, war also, mit *Liebe* durch ein Weizenfeld zu gehen. Mit Liebe den Wind zu spüren, mit Liebe diesen Sommertag, gerade diesen, mit Liebe die Ähren, die unter den Fingern hinwegstrichen. Liebe zu den Ähren, in deren Nähe man in diesem Moment sein durfte; die einen in ihre Nähe ließen, die es selbst waren, die einem dieses wunderbare Gefühl der Freiheit schenkten, zusammen mit dem Lufthauch, zusammen mit dem Himmel, zusammen mit der Sommerwärme ... wenn man nur auch sie liebte...
Und wiederum – vielleicht fühlte man den Moment der Freiheit, *bevor* sich die Liebe entzündete. Aber *wenn* man ihn fühlte, dann entzündete sich im selben Moment auch die Liebe zu allem, was um einen war, zu dem Wind, zu der Wärme, zu den Wolken, zu den Ähren...

Aber das Gefühl der Freiheit, das tiefe Erleben dieses einen Moments, in dem man das Glück empfand, war doch wiederum kein anderer Moment als der, in dem man begann, das, was einen umgab, dieses Weizenfeld, diesen Sommertag, zu *lieben* ... weil man ihm diesen Moment verdankte...
Wenn man also nicht von selbst zu diesem Moment des Glücks, diesem Moment der tiefen, reinen Freiheit kam, dann musste man *zuerst* die Liebe entfalten... Wenn man dies tat, würde der Moment des Glücks, der Freiheit und der tiefen Berührung notwendigerweise folgen...

Auch wenn es einem nicht bewusst wurde, war die Liebe immer das Erste und Einzige – notwendig und eine Folge war immer nur das Andere. Denn warum konnte man bei einem Durchstreifen eines sommerlichen Weizenfeldes dieses ungeheure Freiheitsgefühl, diese Befreiung von allen Sorgen und Gedanken des Alltags erleben? Ja, das konnte man sich einmal fragen...
Man erlebte es, weil einem das Weizenfeld, der laue Lufthauch auf einmal unendlich viel schenkte – und zwar eine unsagbare, allertiefste Schönheit. Indem man begann, diese zu sehen, zu fühlen, zu erleben, fühlte man die Freiheit... Denn es war die Schönheit, die so überwältigend war, dass sie einen die Sorgen und gewöhnlichen Gedanken vergessen ließ. Die Schönheit löschte sie aus... Aber die Schönheit entzündete eine ungeheure Liebe. Diese war also da, bevor das Erleben der Freiheit da war – und eigentlich war es die Liebe zu dieser Schönheit, die dann jenes unbeschreibliche Gefühl der Freiheit gab, nach sich zog...

Alles, was man brauchte, war also die Fähigkeit, Liebe zu entfalten; den Dingen wirkliche Liebe entgegenzubringen, entgegenzutragen. Das war es, was man geben musste, damit die Dinge sich selbst geben konnten...

Aber vielleicht war auch dies ja ein unüberwindliches Hindernis. Vielleicht wusste man gar nicht mehr, wie man diese Liebe entfalten konnte – oder hatte es noch nie gewusst. Aber natürlich hatte man es einmal gewusst. Denn ein Kind bringt immer wieder allem so *viel* Liebe entgegen – ein Kind kann dies noch, ja, es kann noch gar nicht anders...
Was aber konnte man tun, wenn man dies verlernt hatte? Das, was die Kinder taten – allem immer wieder Liebe entgegenzubringen...

Eine Möglichkeit war, sich hineinzuvertiefen in das, was die Kinder dann ‚taten'. Vielleicht konnte man dies selbst nicht mehr, zunächst, aber man konnte doch zumindest in sich gehen, um innerlich wiederzufinden, wie man es eigentlich machte, machen musste.
Eigentlich brauchte man Kinder nur zu beobachten, nur anzusehen, um selbst auch wieder zu wissen, wie das ‚ging', worauf es ankam. Vielleicht konnte man es dann immer noch nicht wieder – aber man lebte sich zumindest wieder in die Erinnerung daran ein, wie man es einmal ‚gemacht' hatte...
Womit hatte es denn zu tun? Was war dieses Kindliche, im besten Sinne? Es hatte mit dem Selbstvergessenen zu tun, aber auch mit dem Staunenkönnen. Im Staunen konnte aber auch der erwachsene Mensch sich wieder selbst vergessen, um *in den Dingen* aufzuwachen, mit den Dingen, vereint mit ihnen, berührt von ihnen. Staunen wurde zu Liebe. Was man liebte, das konnte man voller Staunen bewundern. Immer wieder ging es um die Frage: Wo entsprang die Liebe...

Der Mensch war so stolz auf sein abstraktes Denken und Fühlen. Er war so stolz darauf, dass er nicht mehr staunte, nicht mehr zu staunen brauchte, nicht mehr staunen *konnte*. Aber der Weg zur Liebe kehrte dies um. Man brauchte eine neue Sehnsucht nach dem Staunen. Die Sehnsucht öffnete dann die Tore für das Staunen selbst... Im Staunen gab der

Mensch seinen Hochmut auf, der ihn über die Dinge erhob. Im Staunen gab er die Kälte auf, mit der er die Dinge erstarren ließ. Im Staunen neigte er sich wieder zu den Dingen, neigte sich ihnen zu, entfaltete seine ganze Zuneigung – und im Staunen schenkte er den Dingen Wärme, die die Dinge wieder belebte, lebendig machte. Er schenkte ihnen im Staunen seine Liebe – und die Dinge schenkten ihm ihr eigenes Leben zurück...
Es war eigentlich so *einfach*. Man musste nur bereit dazu sein, diesen Hochmut wirklich aufzugeben. Man musste bereit sein, sein Haupt zu neigen, sich den Dingen wirklich zuzuwenden, nicht noch immer irgendeinen Abstand behalten zu wollen. Man brauchte nur diese gewisse Demut, die mit der Liebe verbunden war. Es war gar nicht eigentlich Demut, aber es war ein Verzicht auf jeden Hochmut, der *über* den Dingen stehen wollte. Es war Liebe...

Ein anderer Weg zur Liebe führte über das ‚Schönfinden'. Es war eigentlich das Gleiche wie die Liebe. Kinder hatten so viel Liebe zur Welt, weil so vieles für sie einfach schön war – und es war schön, weil sie es liebten. Wenn ein Kind von einer Katze tief berührt war; wenn es begeistert auf eine Pfütze zurannte, und auch, wenn es unbedingt zu jenem Eisladen dort wollte – dann, weil all dies unglaublich schön war. Die Begriffe ‚süß' oder ‚Spaß' oder ‚lecker' waren für Kinder nicht einfach nur Begriffe, es waren tiefe Erlebnisse, ein tiefes Berührtsein und eine ebenso tiefe Liebe ... zu dem Tier, zu den Elementen, dem Nassen, und zu dem Süßen, dem Leckeren.
Das Kind erlebte eine unmittelbare tiefe Sympathie, eine wirkliche Liebe – der Erwachsene hatte dann nur noch sehr abgeschwächte Gefühle, immer mehr spielte sich bei ihm alles nur im abstrakten Denken, Feststellen, im Kennen und Wissen ab. Das gab dem Erwachsenen Klarheit und Freiheit, aber er verlor so die Tiefe des Gefühls und die Realität des

Wollens. Er fühlte vielleicht noch den Wunsch, die Katze zu streicheln, aber die Sympathie war nicht mehr so existentiell, dass er sich mit dem Tier innig verbunden fühlte. Und er würde gewiss nicht jauchzend zu springen beginnen und der Pfütze zueilen...

Und doch konnte man wieder lernen, die *Schönheit* der Dinge zu erkennen. Was berührte einen so an einem jungen Kätzchen? Was war dies, was nur ein junges Kätzchen an sich hatte, so unverwechselbar? Der Weg, sich auf solche Fragen wieder zu besinnen, war ein Weg zur Liebe. Denn man begann, die Schönheit von allem wieder zu *sehen*! Und man sah sie immer mehr, weil man überhaupt lernte, zu sehen, immer bewusster. Es war ein Erkennen der Unterschiede, der Feinheiten, der *Qualitäten*.

Was war es, was ein Kätzchen an sich hatte? Man musste ein Kätzchen nur beobachten, nur anschauen – dann sah man es doch. Man sah, was es war ... und man musste nur lernen, es wirklich auch zu sehen, das heißt, sich dessen bewusst zu werden, was man sah.

Das Sehenlernen war ein Lernen, immer bewusster zu sehen, immer mehr mit seinem Bewusstsein dabeizusein. Aber das war dann kein abstraktes Bewusstsein mehr, kein bloßes bewusstes Konstatieren, sondern es war ein bewusstes Dabeisein von einem selbst. Man selbst war nicht bloß der abstrakt konstatierende Intellekt, man selbst war der *ganze* Mensch – *dieser* musste dabeisein, wenn man ‚sah'. Der ganze Mensch hatte nicht nur ein gefühlloses Denken, er hatte auch ein gefühlvolles Fühlen, und er hatte ein Wollen, das noch über das Fühlen hinausgehen konnte, indem es in sich Begeisterung, ja Liebe entfalten konnte.

Dann *sah* man das, was ein kleines Kätzchen so unverwechselbar machte, weil man diese einzigartige Qualität nicht nur sah, sondern auch fühlte – und auch lieben lernte. Das Erkennen war dann nicht mehr nur denkend, sondern das Denken selbst nahm das erlebende Fühlen und den liebenden Willen in sich auf. Und dann *sah* man erst wirklich, weil man selbst, der ganze Mensch, beim Sehen das erste Mal wirklich dabei war.

Dann sah man dieses Verspielte, aber zugleich auch Anmutige, dieses unendlich Aufmerksame, dieses Zusammenspiel von gespanntem Erstarren und blitzschnellem Zupacken, aber alles noch ganz im Spiel, im Ausprobieren. Und man sah die Proportionen des Kätzchens, das unverwechselbare Köpfchen, die Augen, das Näschen, die Ohren, die feinen Haare. Man sah das alles, man fühlte erlebend die Qualitäten – und man konnte mit bewusster Liebe in dieses erkennende, erlebende Wahrnehmen des Kätzchens und seines ganzen Wesens eintauchen...

In jedes einzelne Detail konnte man immer bewusster erlebend eintauchen – und so immer bewusster wahrnehmen, erleben, fühlen und liebenlernen, was ein Kätzchen eigentlich war. Was es eigentlich war, was einen so eigentümlich berührte, wenn man ein *Kätzchen* wahrnahm.

Die Schönheit der Dinge... Es bedeutete, die *Qualitäten* erleben zu lernen. Bis in die kleinsten Einzelheiten hinein. Was empfand man, wenn man eine gerade Linie wahrnahm und anschaute? Was empfand man bei einer sanften Rundung? Was bei einer glatten Oberfläche? Was bei einer rauhen? Bei einer weichen? Was empfand man, wenn die Sonne im Meer unterging? Was, wenn sie hinter einem Berggipfel unterging? Was, wenn sie kurz hinter Wolken verschwand...

Immer mehr konnte man lernen, *alles*, was man sah, in seiner einzigartigen, unterschiedlichen Qualität erlebend wahrzunehmen. Dies war der Weg, die Schönheit der Dinge wirklich zu sehen.

Worin unterschied sich Anmut von Eleganz? Was unterschied Verspieltheit von Nervosität? Was unterschied Kraft und Plumpheit voneinander? Oder Plumpheit von Langsamkeit? Worin unterschied sich die Eleganz einer Libelle von der einer Gazelle – oder der eines Pfaus? Welches Tier hatte zugleich eine Anmut?

All diese Fragen führten auf einen Weg, auf dem das Fühlen wirklich fühlen lernte – und zugleich Bewusstsein bekam. Denn man konnte nicht anders, als sich über die Unterschiede *klarzuwerden*. Sonst sah man sie gar nicht wirklich. Man sah sie natürlich, aber sie blieben in ihrem Wesen unbewusst. Man konnte nicht sagen, *was* der Unterschied war. Jetzt aber lernte man dies, immer mehr... Fühlen und Denken vereinigten sich. Das Fühlen wurde erkennend, das Denken fühlend, die Qualitäten erlebend.

Welche Qualität hatte das Getreide? Warum war es nicht dasselbe, durch ein Weizenfeld zu gehen oder durch ein Rapsfeld zu gehen? Was war der Unterschied, in der Farbe, in der Gestalt, in der Berührung...? Welche Qualitäten konnte einem nur ein Getreidefeld geben? Was war mit dem Wissen, wozu das Getreide diente? Wie es verarbeitet wurde? Hatte auch dies für das Erleben eine Bedeutung?

Was empfand man, wenn vom Waldrand ein Kuckuck rief? Welche Qualität hatte dieser Ruf? Was war die Färbung des Tones, die Höhe, was war die Qualität dieses eigentümlichen Lautes? Was war die Qualität des Waldrandes? Des ganzen Erlebens von Feld, Waldrand und diesem Ruf? Was verband man noch alles damit?

Nicht um Analysen ging es hier, sondern um ein staunend empfindendes Eintauchen in die Qualitäten, in dem man immer mehr empfand, wie vielfältig ein einziger Eindruck allein schon in sich war, wieviel er enthielt. Die Wahrnehmung wurde dadurch immer tiefer, immer reicher, gesättigt von einer nie vorher bemerkten Fülle von Qualitäten...

Und dadurch lernte man, die Schönheit der Dinge wirklich zu sehen. Die Dinge hörten auf, ihre immer schon bekannte Außenseite zu zeigen – und sie begannen, ihr Inneres zu offen-

baren. Noch die kleinste Einzelheit regte auf einmal zu bewusster, zu aufmerksamer, zu eintauchender Wahrnehmung an. Und es war nie zu Ende – immer konnte man noch Neues entdecken, erleben, wahrnehmen, bei allem, noch bei dem kleinsten Steinchen... Die Wahrnehmung und das Erleben der Qualitäten kam nie an ein Ende. An ein Ende kam man immer nur dann, wenn man glaubte, bereits zu wissen, was man sah... Wenn man aber einfach nicht *aufhörte*, zu sehen, zu schauen, zu empfinden, dann kam man einfach nicht zu Ende. Und das machte die Wahrnehmung lebendig. Das offenbarte fortwährend die Schönheit der Dinge – und entzündete die Liebe zu ihnen. Denn schon für das Wahrnehmen jeder Einzelheit *brauchte* man die Liebe, das Interesse, die Zuwendung.
Auf diesem Weg durchdrang sich die Wahrnehmung mit Liebe – und diese vermochte die innige, unendliche Schönheit der Dinge immer tiefer wahrzunehmen.

Das war also der andere Weg: das Sehenlernen der Schönheit, durch das Sehenlernen der Qualitäten, bis ins Einzelne. Und hier verband sich dann dieser Weg mit dem anderen – denn je mehr man wirklich die Qualitäten empfinden konnte, desto mehr lernte man auch das Staunen. Beidem zugrunde aber lag die Liebe. Die Liebe war es, die einen staunen ließ, und sie war es, die in die Qualitäten eintauchen konnte...

Um zur Liebe zu finden, brauchte man nur den guten Willen. Man hörte am Waldrand den Kuckuck. Konnte man nicht in Liebe in diesen eigentümlichen, unverwechselbaren Klang eintauchen? In Liebe innerlich zu diesem Vogel hineinfühlen, mit seinem Hören, mit seinem Sinn, und einfach aufrichtige Dankbarkeit und Freude empfinden, dass er in diesem Moment rief und man ihn hören durfte...
Oder man ging an einem Feldweg entlang. Plötzlich sah man neben sich eine Bewegung. Man schaute hin und erblickte ei-

ne Blindschleiche – für einen Moment, bevor sie in der nächsten Lücke des Laubes oder zwischen Steinen verschwand. Konnte man die Liebe empfinden, mit der man sich auch diesem Tier verbinden konnte? Empfand man die Dankbarkeit, dass dieses Tier sich für einen kurzen Moment nicht ganz vor einem versteckt hatte; dass man es versehentlich aufgespürt hatte? Dass selbst diese so verborgenen schönen Tiere sich von Zeit zu Zeit kurz offenbarten? Hatte man ihre Schönheit sehen können? Die silbrig glänzende Haut mit ihrer schönen, feinen Zeichnung? Die weichen, schlängelnden Bewegungen? Konnte man sich einen Moment lang darüber verwundern, wie es überhaupt möglich war, sich mit solchen Bewegungen vorwärts zu bewegen? Noch dazu so schnell, gleichsam meisterhaft?

Das alles waren Möglichkeiten, die Schönheit zu entdecken. Die Liebe zu empfinden. Das Glück zu empfinden.

Christian Morgenstern hatte einmal geschrieben: Schön ist eigentlich alles, was man mit Liebe betrachtet. Je mehr jemand die Welt liebt, desto schöner wird er sie finden. – Genau um diesen Weg ging es. Aber die Schönheit war eine Realität. Die Liebe, die auch eine Realität war, *sah* die Schönheit. Wer die Liebe nicht entfaltete, sah die Schönheit, die wirklich da war, noch nicht...
Die wirklich erlebte Schönheit schenkte das Glück – aber wirklich entfaltete Liebe schenkte einem erst das Sehen der Schönheit...

Warum empfanden so wenige Menschen wirkliches Glück? Weil wir alle verlernt hatten, die unendlich vielfältige Schönheit zu sehen, die uns umgab. Und weil wir alle verlernt hatten, die *Liebe* zu dem zu entfalten, was uns umgab... Schön war eigentlich alles, was man mit Liebe betrachtete... Wenn man aber die Liebe hatte und die Schönheit empfand, dann hatte man auch das Glück...

Aber vielleicht musste man die Liebe erst ganz anders wiederfinden...? Vielleicht war der Mensch zunächst gar nicht fähig, so zu lieben? Vielleicht musste er erst etwas finden, was seine Liebe viel unmittelbarer entzündete. Vielleicht musste er erst *jemanden* finden, einen Menschen, den er lieben konnte ... nein, durch den er entdeckte, was Liebe war. Einen Menschen, der seine Liebe tief und elementar entzündete. Einen Menschen, den er nicht nur lieben konnte, sondern lieben *musste*, weil die Liebe zu diesem Menschen ihn selbst überfiel, von einem Moment zum anderen oder aber nach und nach erfüllte, wie ein Naturereignis, so dass er in dieser Liebe ertrank – in tiefer, unendlicher Liebe zu diesem anderen Menschen...
Gab es das? Gab es eine Liebe, die nicht nur auf einer gewissen Anziehung beruhte? Oder gab es nur diese Anziehung bei manchen Menschen, so dass man sich in sie vielleicht verlieben konnte, aber vielleicht auch nicht? Oder vielleicht in einen nächsten, der einen in ähnlicher Weise anzog... Gab es darüber hinaus noch etwas *anderes*?
Gab es das, dass eine Frau oder ein Mann einen so tief innerlich erschütterte, dass man nicht anders konnte, als sich einzugestehen, dass man sich längst verliebt hatte? Dass man alles, was mit bloß äußerer Anziehung zu tun haben konnte, von vornherein übersprungen hatte, um von etwas erschüttert zu sein, was noch viel *tiefer* ging?
Dass man, wenn man ein Mann war, von dieser einen Frau, diesem einen weiblichen Wesen so angezogen war, dass einen *alles* an ihr anzog? Ihr Äußeres gewiss, ihre Gestalt, ihr Gesicht, ihre Augen... Aber auch alles andere, ihre Bewegungen, ihre Stimme... Wie sie sprach... Wie sie sich hinsetzte. Winzige Kleinigkeiten...

Gab es das? Dass einen *alles* anzog? Dass es auf einmal keine größere Sehnsucht gab, als in ihrer Nähe zu sein. Keine grö-

ßere Sehnsucht, als von *ihr* gesehen zu werden, auch für sie eine Bedeutung zu gewinnen... Kein größeres Glück als ihre Anwesenheit, ihre Gegenwart, ihre Nähe... Kein größeres Glück als die Schönheit ihrer Augen, ihr Blick, auch wenn sie etwas anderes anschaute... Nichts Schöneres als den Glanz ihres Haares, die einzigartige Weise ihrer Bewegungen; die Art, wie sie sich eine Strähne aus dem Gesicht strich; der Moment, in dem sie lachte...
Gab es das? Dass man sich in dieses *eine* weibliche Wesen verliebte und das größte Glück schon darin bestand, sie *sehen* zu dürfen? Weil jede einzelne ihrer Bewegungen, ja schon die Tatsache ihrer Anwesenheit als solche einen mit leuchtend goldenen Strömen des Glücks durchströmte?
Aber was war es dann, was einen so berührte? Die Bewegungen an sich? Ihr Äußeres an sich? Nein – dieselben Bewegungen könnte ein anderer machen, ohne dass sie berühren würden. Das Aussehen könnte eine andere Frau haben, die sich aber nicht so bewegte, und selbst dann wäre es nicht das Gleiche... Aber was war es dann? – *Sie* war es! Sie ganz allein. Nur sie konnte einen so berühren. Es war ihr *Wesen*, das einen berührte, erschütterte, unendlich anzog. Ihr Wesen war es – dies war das ‚alles', was einen anzog. Nicht die Summe der Einzelheiten, sondern das, was diese Einzelheiten lebendig machte, weil es sie lebendig durchdrang. Ihr Wesen. *Sie* war es...

O, Du, wer bist Du, geliebtes Wesen? So konnte dann das eigene Innere fragen, die eigene Seele, das eigene Wesen, dessen man sich vielleicht gerade dadurch ahnend bewusst wurde. Wer bist Du, Du Wunder an Schönheit, an Sanftheit, an Anmut – und doch waren all dies nur Worte, die all Deine wundersamen Eigenschaften zu beschreiben versuchten, aber was waren ‚Eigenschaften'! Das Wunder war, dass all dies zu Deinem Wesen gehörte – dass Du selbst die Sanftheit, die Anmut und all das Andere, was man an Dir erlebte, warst.

Ungetrennt von Deinen Eigenschaften. Das warst Du! Wer bist Du, geliebtes Wesen? Warum bist Du so schön? Warum ist Dir diese Sanftheit, diese Anmut so eigen – so viel mehr eigen als jedem Anderen? Oder warum erschüttert mich gerade die Deine so unendlich...
Dein Wesen ist es ... aber wer bist Du?

Wunder der Begegnung... Es war, als würde man zum ersten Mal begreifen, was ein *Wesen* überhaupt war. Zum ersten Mal sah man nicht einen Menschen mit Eigenschaften, die so oder so sein konnten, bei diesem nun einmal so waren, vielleicht unverwechselbar, aber so war es ja immer ... sondern man war von dem, was man sah, so erschüttert, so ergriffen, so zutiefst berührt, dass man begriff und erlebte: All das, was man sah, war Ausdruck eines *Wesens*. Man sah keine Eigenschaften, man sah Offenbarungen dieses einen, einzigartigen, wunderbaren Wesens. Das war es, was einen erschütterte... Die Eigenschaften waren nur deshalb so berührend, weil das Wesen, dem sie zuinnerst angehörten, so berührend war – weil *dieses* einen berührte...
Was man in diesem Moment begriff, weil man es erkannte, war – auch wenn *diese* Erkenntnis unbewusst bliebe: Dass diese Eigenschaften nicht zufällig waren, dass sie nicht auf Vererbung beruhten, dass sie nicht äußerliches Attribut oder äußerliche Zutat eines Menschen, dieses Menschen waren, sondern dass Eigenschaft und dieser Mensch ein und dasselbe waren; aber nicht die Eigenschaft machte den Menschen aus, sondern *das Wesen brachte die Eigenschaft zur Erscheinung*!

Vielleicht musste man die Liebe erst in dieser Weise kennenlernen – vielleicht musste sie einen zuerst in dieser Weise ergreifen, erschüttern, bis ins Innerste erfüllen ... bevor man auch Anderes wahrhaft und tief lieben konnte...? Und ganz sicher war die Liebe zu einem Wesen des anderen Geschlechts etwas, was einen tiefer ergreifen würde als jede

andere Liebe, die man bis dahin kannte ... wenn es nur geschähe, dass man diesem einen Wesen begegnete, das einen in dieser Weise erschütterte.
Es war gar keine Frage, ob es das gab – es war nur eine Frage, ob man diesem Menschen begegnete. Jenem einen Wesen, das einem schon bei der ersten Begegnung den Boden unter den Füßen nahm ... um ihn durch einen Himmel zu ersetzen... Jenes Wesen, dem man überallhin folgen würde, um es nicht allein zu lassen oder um zumindest in seiner Nähe sein zu dürfen... Jenes Wesen, dem man sein ganzes Herz schenken würde, wenn man es nicht schon längst verloren hätte...
Sie, sie allein besaß es ja schon längst, das eigene Herz, nahm es mit sich fort. Es gehörte nicht mehr länger einem selbst, es gehörte ihr... Und doch war jeder Blick von ihr ein Geschenk, das größer war als alles, was man selber zu schenken können meinte! Und warum war das so? Weil jeder Blick von ihr *sie selbst* war. Sie selbst war das größte Geschenk, das es gab. Ihre Nähe, die Nähe ihres Wesens, war das, was Glück war. Nichts anderes wünschte man.

Das war Liebe. Es war die größtmögliche Sehnsucht nach einem anderen Wesen, für das man alles tun würde...

Vielleicht musste man überhaupt einmal diese Liebe erfahren haben, um auch Anderes wahrhaft lieben zu können.
Aber hatte nicht jeder irgendwann einmal eine solche Liebe erlebt? Hatte man nicht immer irgendwann in seinem Leben dies gehabt, dass man den Boden unter den Füßen verlor, weil man einem Wesen begegnete, das einem diesen Boden unendlich sanft nahm...? Ein Wesen, in dessen Augen, in dessen Armen man versinken wollte...?
Aber wenn man so etwas einmal erlebt hatte, dann wusste man von da an, was Liebe war. Man wusste, was diese unendlich tiefe Berührung war. Und wenn man wollte, konnte

man sich immer wieder berühren lassen. Liebe war die Fähigkeit, sich innerlich berühren zu lassen und auf diese Berührung zu antworten...
Worum ging es dann also? Es ging darum, sich zu erinnern, dass es dieses Wunder einmal gegeben hatte – dieses Wunder eines rückhaltlosen Berührtwerdens; dieses Wunder, dass ein anderes Wesen einem den Boden wegnahm, vielleicht auch den Atem, die Besinnung, den Verstand ... aber ganz sicher das Herz... Dieses Wunder, dass ein anderes Wesen einem alles nahm, weil es einem alles gab... Dass man sein ganzes, tiefes Herz an dieses Wesen verlor, nur weil man ihm begegnet war, seine Anwesenheit, seine Nähe erlebt hatte...
Sich daran zu erinnern...

Wenn man dies vermochte – sich daran zu erinnern, obwohl es diesen Augenblick vielleicht nur einmal gegeben hatte; obwohl er vielleicht auch nur einen Moment gewährt hatte –; wenn man sich daran *lebendig* erinnern konnte, wenn man diesen Moment gleichsam noch einmal erleben konnte, als wenn er jetzt wäre ... dann hatte man die Liebe wiedergefunden...
Wenn es möglich war, noch einmal erlebend einzutauchen in das, was man in *diesem* einen Moment erlebt hatte, dann wusste man wieder, was Liebe war – dann wusste man, wie man lieben konnte. Dann kannte man wieder die eigene Liebe; diejenige Liebe, die einmal aus dem eigenen Herzen hervorgeströmt war und die man auch wiederum hervorbringen konnte.
Von diesem Moment an würde man nicht mehr sagen können, dass man dies nicht konnte. Man würde nur noch sagen können, dass man es nicht *wollte*.

Aber wie dann? Sollte man nun gegenüber Anderem jene Liebe entfalten, die man nur gegenüber jenem einen wunderbaren Wesen empfunden hatte, das einem durch sein Einzig-

artigsein das Herz geraubt hatte? Bedeutete dies nicht gerade, dass man nichts anderes in derselben Weise jemals würde lieben können? War das nicht gerade das Wunder, dass diese unendliche Liebe nur jenes *eine* Wesen hervorgerufen hatte – und dass man unmittelbar fühlte: Nichts anderes ist so einzigartig, nichts anderes werde ich je so lieben können?
Ja, so war es – und doch auch nicht. Denn die Liebe selbst war noch ein ganz eigenes Mysterium. Man brauchte ja das Andere nicht ‚genau so' zu lieben wie jenes eine Wesen. Es ging doch um eine ganz andere Frage. Um die Frage, ob man *überhaupt* lieben konnte...

Vielleicht hatte man das Wunder der Liebe durch eine unglückliche Liebe erfahren. Vielleicht war man in ein Mädchen verliebt gewesen, und sie hatte nichts von einem wissen wollen. Und doch hatte es diesen einen Moment gegeben – diesen einen Moment vor dem Leid, dem Schmerz, vielleicht auch der Enttäuschung, der Abwendung, weil man das Unerfülltsein der Sehnsucht nicht ertragen hatte, oder weil das Mädchen einen sogar verletzt hatte und damit eine Seite zeigte, die man nicht lieben konnte. Aber es *hatte* diesen einen Moment gegeben, in dem man alles an ihr geliebt hatte; in dem man alles für sie getan hätte; in dem man ihr sein ganzes Herz geschenkt hatte...
Es kam zunächst gar nicht darauf an, etwas Anderes noch einmal genauso zu lieben. Es kam nur darauf an, sich zu erinnern... Und dann sich zu fragen: Ich wusste einmal, was Liebe ist. Ich habe sie einmal empfunden, unendlich tief. Kann ich dies wieder – nicht unendlich tief, aber ... überhaupt? Aber dann doch tief. Nicht nur oberflächlich, etwas ‚mögen', etwas ‚gern haben', sondern etwas wahrhaft zu lieben versuchen – so dass eine lebendige Verwandtschaft zu jenem Gefühl bestand, dass man damals hatte. So, dass auch das, was man *jetzt* zu empfinden begann, eine wirkliche Tiefe hatte.

Liebe war immer, sein Herz zu verschenken. Man musste es nicht immer so heftig und so rückhaltlos tun wie bei jenem einen, einzigartigen geliebten Wesen; aber für die Liebe kam es gar nicht darauf an, wie man es tat, sondern nur, *dass* man es tat... Man konnte etwas auch ganz vorsichtig zu lieben beginnen, ganz sanft, ein wenig zuerst nur...
Liebe war immer etwas Tiefes, egal, ob sie fast einem Erdbeben gleich aus dem eigenen Herzen hervorbrach oder ob sie wie ein sanfter Hauch hervorströmte. Die Intensität, das Ausmaß und die Tiefe mochten unterschiedlich sein, tief aber war jede Liebe...
Das also war die einzige Frage: ob man *überhaupt* lieben wollte. Dass man es konnte, war keine Frage. Man musste es wollen...

Wenn man die Liebe nur ein einziges Mal in seinem Leben kennengelernt hatte, und wenn diese Liebe unglücklich gewesen war, dann wollte man vielleicht überhaupt nie wieder lieben. Vielleicht gab man noch immer insgeheim und unbewusst jenem Mädchen die Schuld daran. Hätte sie dasjenige erwidert, was man so unendlich tief empfunden hatte, dann würde man lieben können... Sie hatte es aber nicht erwidert, und fortan hatte man sich gleichsam geschworen, nie wieder zu lieben. Nicht aus Treue, sondern aus Enttäuschung. Man war enttäuscht von dem Mädchen und von der Liebe selbst – von diesem Gefühl, das einen ergriff, aber doch nur in Leid und Illusion führte...
Das war die eine Möglichkeit. Die andere Möglichkeit aber war diese: Sich noch einmal auf diese Liebe zu besinnen. Auf den Moment *vor* der Enttäuschung. Auf den Moment, in dem die Liebe wirklich rein und groß und unendlich tief dagewesen war. Und zu erkennen, dass es auf *diesen* Moment ankam, nicht auf irgendeinen anderen. In diesem Moment hatte man die Liebe erfahren und kennengelernt; alles Andere, was

danach kam, war nicht mehr die Liebe – konnte also auch nicht das Geringste über die Liebe beweisen...

Man *selbst* hatte die Liebe zu dem Mädchen wieder verloren, als sie sie nicht erwidert hatte. Sagte das etwas über die Liebe? Nein, es sagte nur etwas über die eigene Liebe. Von dem Moment an war sie zu schwach, verging allmählich wie ein Rauch im Wind... Aber davor war sie einmal wirklich dagewesen, in all ihrer Stärke, in all ihrer Realität – und nur um diesen Moment ging es.

Wie schwach die Liebe auch wurde, als sie nicht erwidert wurde, wie sehr sie dann auch der Sehnsucht unterlag, der es eigentlich nur noch um die Erwiderung ging – am Anfang hatte die Liebe auf diese Erwiderung noch gar nicht gehofft; am Anfang war sie rein und stark vollkommen bedingungslos. Am Anfang liebte sie das Mädchen so, wie es *war*, egal, ob es die eigene Liebe jemals erwidern würde oder nicht...

Und wenn es einen dann vielleicht sogar verletzt hatte – welche Rolle spielte auch dies? Wenn man auf die *wirkliche* Liebe sah, spielte auch dies keine Rolle. Denn die wirkliche Liebe lag vor diesem Moment. Vielleicht war man für dieses Mädchen gar nicht bestimmt gewesen. Vielleicht war ihm eine ganz andere Liebe zu einem anderen Jungen oder Mann bestimmt – und vielleicht war das *ihre* große Liebe. Vielleicht wollte sie einen gar nicht verletzen – vielleicht hatte man sie selbst in die Enge getrieben. Oder vielleicht war sie in diesem Moment wirklich boshaft gewesen. Selbst das war nicht entscheidend, wenn es trotzdem so war, dass dieser eine Moment an ihrem wahren Wesen gar keinen Anteil hatte. Wenn man ihr eigentliches Wesen, jetzt im Rückblick, dennoch lieben konnte.

Aber vielleicht hatte man auch etwas geliebt, was in gewissem Maße einer Illusion entsprach. Vielleicht hatte man manche Seite an ihrem Wesen zuerst nicht gesehen. Selbst das spielte keine Rolle. Dann hatte man eben einen bestimmten

Teil ihres Wesens unendlich geliebt... In jedem Fall wusste man, was Liebe war. Das war es, worauf es ankam...
Selbst wenn eine Illusion mitgespielt hätte, nicht nur die Enttäuschung einer ausbleibenden Erwiderung, sondern wirklich auch eine Illusion – konnte man allein schon deshalb nicht mehr lieben wollen? Machte man dann nicht der Liebe zum Vorwurf, wofür die Liebe selbst gar nichts konnte? Konnte die Liebe denn je anders ... als lieben? War es nicht gerade das Wunder der Liebe, dass sie liebte bis zuletzt ... bis sie von Illusionen und Ent-Täuschungen besiegt wurde?
Die Liebe konnte nichts für das, was sie nicht sah – sie konnte nur das lieben, was sie sah, und das liebte sie innig... War das nicht gerade das Wunderbare der Liebe, dass sie überhaupt immer nur das Gute und das Schöne sah – oder sehen wollte? Aber das sah sie auch wirklich – und liebte es mit ganzem Herzen. Überwog dies nicht immer alles Andere?
Und doch konnte es sein, dass man sich wirkliche Illusionen gemacht hatte; dass man etwas liebte, was dieser Mensch in Wirklichkeit gar nicht war. Dass man etwas in ihn hineinphantasierte und hineinträumte. Dass die Liebe nur das eigene Wunschbild im Anderen liebte und nur von diesem berührt worden war, nicht aber von dem realen Wesen des anderen Menschen. Aber wiederum – konnte man dies der Liebe vorwerfen? Oder musste man es nicht den eigenen Illusionen vorwerfen...

Es zwang einen niemand zur Liebe. Es war auch möglich, sein Leben lang dem Leben oder einem Mädchen, das die eigene zunächst unendliche Liebe nicht erwidert hatte, die Schuld daran zu geben, dass man fortan nicht mehr lieben konnte oder wollte. Man konnte das tun – aber es war nur eine neue Illusion, eine Ausflucht, ein ... Mangel an Liebe.
Man wusste, was Liebe war – man hatte sie einmal empfunden, in all ihrer wunderbaren Tiefe. Aber vielleicht wollte

man sie nie wieder schenken, weil man sie nie bekommen hatte...?
Aber war das wirklich so? Wenn man sich noch einmal auf den Moment besann, wo man geliebt hatte... Noch einmal auf diesen einen Moment, wo dieses Mädchen einem alles bedeutet hatte, seine Augen, sein Haar, sein Wesen... Hatte man in diesem Moment nicht schon *alles* bekommen? War man nicht schon in seiner Nähe glücklich gewesen – hatte man nicht geliebt, weil man glücklich war, und war man nicht glücklich, weil man liebte...?
Was hatte man damals, in diesem Moment alles geschenkt bekommen? Jenes wunderbare Mädchen, seine Nähe – und das Wunder der Liebe. Eine Unendlichkeit...
Und nun war es auf einmal zu wenig? Weil man enttäuscht worden war? Oder weil man dieses Mädchen nicht ‚bekommen' hatte? War man wirklich so egoistisch? So undankbar? War nicht für Momente des eigenen Lebens ihre Anwesenheit Grund genug gewesen, glücklich zu sein? Waren nicht diese Momente bereits mehr Geschenk gewesen als alles, was es zuvor gegeben hatte? Gab es denn noch *mehr*, als dies erfahren zu dürfen: die Liebe selbst und die Nähe jenes Wesens, dem sie galt?

Man konnte die Liebe nicht fordern, man konnte sie nur schenken. Wie könnte man gerade von dem geliebtesten Wesen fordern, dass es dies oder jenes tun solle? Dass es die eigene Liebe erwidern solle – ob es dies konnte oder nicht. Musste man nicht gerade dieses geliebteste Wesen frei lassen? Gebot dies nicht gerade die eigene Liebe? Konnte man ein Mädchen binden wollen, das man liebte... Konnte man dem Mädchen, das man unendlich liebte, vorwerfen, dass es seine Liebe einem Anderen schenkte – und dann sein Leben lang an der Liebe verzweifeln?
Oder konnte man nicht vielmehr nur lieben, ohne Erwartung einer Erwiderung, Hoffnung zwar, aber nicht Erwartung?

Musste man das geliebte Mädchen nicht ziehen lassen, wenn die Erwiderung nicht in seinem Herzen lag? Konnte dies der eigenen Liebe je etwas nehmen? Konnte man das Herz des Mädchens nicht verstehen, wenn man es liebte? Wollte man nicht, dass es frei war, dass es *seiner* Sehnsucht folgte? War die innerste Substanz der eigenen Liebe je auf Erwiderung angewiesen...?

War das Geheimnis der Liebe nicht gerade, dass sie eine freie Kraft war? Eine Kraft, die an nichts gebunden war? Reines Licht, reine Wärme, nicht aufzuhalten durch Hindernisse, nicht aufzuhalten durch Leiden, nicht aufzuhalten durch ein Einsambleiben...? Denn die Liebe selbst war nicht einsam. Selbst wenn sie unerwidert blieb – *sie* war bei dem geliebten Wesen.

Konnte man nicht, selbst wenn man bisher auf eine enttäuschte Liebe zurückgeblickt hatte, diese Liebe jetzt noch verwandeln? Sie zumindest zu einer unglücklichen Liebe machen, einer einseitigen Liebe, aber einer Liebe, die selbst nie aufgehört hatte zu lieben; die zumindest wieder von neuem anfangen konnte zu lieben...?

Eine Liebe, die von Erwiderung abhängig war, war noch keine reine, tiefe, freie Liebe. Eine solche Liebe wurde bequem, selbstsüchtig, wankend. Sie wurde erwartend, fordernd...

Was war mit den Minnesängern? Mit jenen mittelalterlichen Liebenden, die der Dame ihres Herzens treu waren, obwohl sie nicht einmal hoffen durften, je die wirkliche Erwiderung zu bekommen? Sie liebten mit dem Mut und der Kraft der ewigen Entbehrung – und diese Kraft gab ihrer Liebe Reinheit und unsagbare Tiefe.

Zwar gab es immerhin eine innere Beziehung zwischen dem Minnesänger und der geliebten Dame – und doch war die Entbehrung äußerlich viel größer als jede Erfüllung, die nur in einem geschenkten Blick von Zeit zu Zeit bestehen konnte;

nur darin, dass das geliebte Ohr das Lied hörte, das man sang... Seltene Blicke der geliebten Dame von ferne – das war vielleicht schon das ganze, große Glück manchen Minnesängers. Aber es kam nur auf die Tiefe der Liebe an, ob dies möglich war. War die Liebe tief und rein genug, brauchte es nicht mehr, um die Liebe niemals zu enttäuschen. Die reine, tiefe Liebe *war* nicht zu enttäuschen...
Und das war das Geheimnis der Liebe: Dass sie sich selbst genug war, dass sie selbst schon das ganze Geschenk war – sie und die bloße Existenz des geliebten Wesens. Die wirkliche Liebe brauchte keine Erwiderung, sie brauchte nur die Möglichkeit, selbst *da* zu sein. Und damit sie selbst da war, musste auch das geliebte Wesen einfach nur da sein, existieren...
Diese Liebe konnte man in sich jederzeit wiederfinden, man konnte sich an sie erinnern, selbst wenn man es später nicht mehr so empfunden hatte ... aber es hatte einen Moment gegeben, wo *diese* Liebe dagewesen war...

Vielleicht war dieser Moment im Leben eines Menschen auch nur ganz kurz gewesen. Vielleicht hatte man einmal ein Mädchen gesehen, das an einem Geländer stand, oder das einfach nur an einem vorbeiging, vielleicht war man wirklich nur einen einzigen Moment in ihrer Nähe gewesen, und doch hatte sich dieser Moment unauslöschlich in die Seele gesenkt. Vielleicht vergaß man schon einen Tag später, wie sie ausgesehen hatte – aber die Begegnung selbst vergaß man nicht...
War das dann Liebe? Es war merkwürdig, diese Frage zu haben. Es war verständlich, denn wie konnte etwas Liebe sein, wenn man den anderen Menschen doch gar nicht kannte, überhaupt nur einen Moment gesehen hatte? Vielleicht Verliebtheit, aber doch nicht Liebe? Und doch, wo war denn überhaupt der Unterschied? Es *war* Liebe. In einem einzigen Moment hatte das Wesen des Mädchens einen berührt, und die Erinnerung folgte ihm, erwiderte die Berührung...

Es war nicht wichtig, wie kurz der Moment gedauert hatte, in dem man in sich selbst die Realität der Liebe kennengelernt hatte und erfahren hatte, was Liebe war. Es war nur wichtig, dass man sich erinnerte... Dass man ihn wiederfand, diesen Moment, die Realität, die in diesem Moment lebte. Wenn man dies wiederfand, dann wusste man, wie es war: zu lieben...

Und dann würde man auch Anderes lieben können!
Das große Geheimnis der Liebe war dies. Wenn man darüber nachdachte, konnte man es nur als ein weiteres Wunder bezeichnen. Dieses Wunder bestand darin, dass man nur *einmal* wirklich geliebt haben musste, um immer wieder lieben zu können – wenn man nur wollte...
Die Liebe, die sich einem einmal geschenkt hatte, die einmal in einem aufgestiegen war, in aller Tiefe – diese Liebe blieb bei einem; man konnte sie immer wieder aus seinem Herzen hervorströmen lassen ... *wenn* man es wollte.
Nicht um die gleiche Tiefe ging es zunächst – sondern dass man es überhaupt vermochte.
In dem Moment, wo man mit ganzem Herzen ein Mädchen geliebt hatte, war die Liebe zu *allem* geboren worden. Und in dem Moment hatte man insgeheim auch alles geliebt, wenn man ehrlich war oder wenn man aufrichtig auf sein Herz gehört hätte. Ein liebendes Herz konnte nur lieben – es konnte nicht etwas nicht lieben. Oder die Liebe zu dem Mädchen war nicht tief genug...
Wenn man am Waldrand entlangging und an das unendlich geliebte Wesen dachte, wenn die Liebe an dieses wunderbare Mädchen einen erfüllte, und auf einmal erschall der Ruf des Kuckucks – dann liebte man auch ihn, unmittelbar. Man ging auf einem Weg, auf dem Kiefernzapfen lagen; man sah die Ameisen krabbeln, man roch den harzigen Duft ... und man liebte das *alles*. Die Liebe zu dem Mädchen bezog all dieses mit in sich ein...

Erinnern musste man sich – einfach nur erinnern, wie das war...
Dann würde man auch jetzt, wenn man einen Feldweg entlangging und auf einmal von dem Waldrand den Kuckuck hörte, *Liebe* empfinden können. Man würde seine Seele in tiefer Zuneigung diesem Ruf zuwenden können und fühlen, wie das eigene Herz Liebe für den Kuckuck empfand, wie es in die Richtung seines Rufes strömte...

Vielleicht konnte man dies nur, wenn man zugleich auch an das Mädchen dachte, das man einmal geliebt hatte – und eigentlich immer noch liebte. Vielleicht musste man, um Anderes zu lieben, wieder lernen, an den Menschen zu denken, den man einmal über alles geliebt hatte – so dass die in der Erinnerung erneuerte Liebe zu ihm wiederum auch auf alles Andere übergehen konnte...
Vielleicht musste die Erinnerung an jenen Augenblick, in dem man am meisten, am tiefsten geliebt hatte, einem helfen, die Liebe auch in der Gegenwart zu einer Realität zu machen, damit man sie Anderem entgegenbringen konnte.
Doch in ihrer tiefsten Wirklichkeit war die Liebe eine Kraft, die *frei* dem eigenen Herzen entströmen wollte. Man verdankte sie dem Menschen, den man am tiefsten geliebt hatte. Aber dieser Mensch würde es gewiss selbst nicht wollen, dass man die eigene Liebe fortwährend ihm verdankte – er würde wollen, dass man selbst wahrhaft lieben konnte... Und vielleicht verdankte man sie nicht einmal dem zutiefst geliebten Wesen – sondern vielleicht war es sogar umgekehrt: dass man das zutiefst geliebte Wesen der Liebe selbst verdankte!
Gewiss, man hätte dieses wunderbare Wesen niemals zu lieben begonnen, wenn es nicht so wunderbar wäre. Aber man hätte es auch niemals lieben können, wenn es die Liebe selbst nicht geben würde. Dass diese unendliche Liebe in einem erwachte, war jenem wunderbaren Wesen zu verdanken – aber

wem war die Liebe selbst zu verdanken? Wem war es zu verdanken, dass man überhaupt lieben *konnte*?

Ein bestimmter Mensch entzündete in unserem Herzen die Liebe, er rief sie hervor, sie eilte ihm entgegen. Aber woher kam sie? Was war sie selbst? Wie konnte sie dem Herzen entspringen? Was war das Herz – und was war die Liebe?
Die Liebe war *selbst* ein Wunder – so, wie das geliebte Wesen ein Wunder war. Aber es gab einen Unterschied. Jenes einzigartige, wunderbare Wesen konnte die Liebe in uns erwecken, und es tat dies, ohne dass es etwas dafür konnte oder dass wir etwas dafür konnten. Es geschah einfach ... und die Liebe zu diesem einen Menschen war geboren. Der eine Mensch war für uns ein Wunder, und er gebar die tiefe Liebe in unserem Herzen.
Aber die Liebe war selbst ein Wunder – und sie war es, die *alles* zu einem Wunder machen konnte. Alles, was die Liebe selbst berührte, wurde zu einem Wunder. Die Liebe war eine freie Kraft – und sie besaß Zauberkraft. Der erste Mensch, den wir zutiefst lieben lernten, *befreite* diese Kraft in unserem Herzen – und von da an war es möglich, dass die Liebe selbst alles Übrige um uns befreite; dazu befreite, auch wieder *sein* wunderbares Wesen zu offenbaren...
Der unendlich geliebte Mensch war für uns der Befreier unserer eigenen Liebe, aber die Liebe war dann unsere Befreierin – mit ihr konnten wir alles befreien, dem wir diese Liebe zuströmen konnten. Das Wesen des geliebten Menschen hatte uns berührt, doch die dem Herzen entströmende Liebe konnte das Wesen von allem Übrigen berühren... Und sie befreite zugleich unser eigenes Wesen. Mit der Liebe begegneten wir allem anderen von Wesen zu Wesen. In der Liebe gab es immer wirkliche Begegnung. Sie befreite von der Abstraktion, sie befreite von der Trennung. Und sie selbst war eine *freie* Kraft – aber nur, wenn wir es wollten...

Einst hatte ein innig geliebter Mensch die Kraft der Liebe in uns geweckt, befreit. Seitdem stand es in unserer Macht, die Liebe wiederum aus unserem Herzen zu befreien... Wenn man es wollte, konnte man in jedem Moment diese Kraft der Liebe aus seinem Herzen hervorströmen lassen. Man konnte dies! Man musste nur lernen, es zu wollen. Das Wollen selbst *war* bereits die Liebe...

Man brauchte nicht mehr die Erweckerin. Die Liebe *war* einmal erweckt worden. Nun musste man sie selbst erwecken – erwecken wollen. Wenn man sie nicht erwecken wollte, konnte man dies nur sich selbst zuschreiben. Man wusste, was die Liebe war. Und man konnte sich immer wieder daran erinnern. Sie kam nicht von selbst aus dem eigenen Herzen hervor. Man musste sie hervorströmen *lassen*.

Aber sie war die Quelle des Glücks. Wenn man wirklich wollte, konnte man lieben – und wenn man es vermochte, gab *sie* das Glück, denn sie gab alles...

Und trotzdem gab es Hindernisse. Das erste Hindernis war man noch immer selbst. Noch immer stand man sich selbst im Weg – und auch der Liebe.
Ein Teil in einem wollte ja lieben – und wusste vielleicht nur nicht, wie man es machte. Aber das konnte man immer mehr lernen. Das Problem war der andere Teil. Jener Teil, der eben nicht lieben wollte. Dies war jener Teil, der das Glück nur erleben wollte – ohne etwas dafür zu geben; ohne sich dafür auch nur ein Stück aufzugeben oder verwandeln zu wollen.
Diesen Teil gab es in einem. Er war mehr oder weniger groß. Dieser Teil wollte in die Natur gehen, durch ein Ährenfeld, am Waldrand entlang, und so bleiben, wie er war. Er wollte, dass sich ihm auf einmal der Zauber von allem erschloss – aber er selbst wollte sich nicht erschließen, aufschließen. Berührt werden, das wollte er, aber ohne sich selbst öffnen zu können. Fortwährend berührten ihn die Ähren ja – aber er bemerkte es gar nicht...
Dieser große Teil von einem selbst blieb immer viel zu sehr bei *sich* – und genau das wollte er auch. Dieser Teil konnte keine wirkliche Liebe zu allem anderen empfinden – und genau das wollte er auch nicht.
Auch dieser Teil war nur dadurch zu überwinden, zu verwandeln, dass man an ihm zu leiden begann. Auch hier war die Ohnmacht dasjenige, was die Verwandlung näher brachte. Jener Teil war dasjenige in einem, was zu hart geworden war. Diese Härte hatte den Menschen auch das klare Ich-Bewusstsein geschenkt, auch alles, was an Positivem damit zusammenhing. Doch die Liebe fand man nur, wenn man dieses Harte wiederum auflösen konnte. Dies geschah durch das Leiden daran. Das war das Geheimnis des Leidens – dass es die Fähigkeit hatte, alles Harte wieder zu erweichen, nach und nach...

Wenn man dies alles im Herzen bewegte, dann war die Liebe zu dem, was uns an Natur umgab, unweigerlich zu finden. Man musste diese Liebe ganz einfach finden, denn die Natur bestand aus lauter Schönheit. Es war eine Schönheit, die so lebendig war, dass sie einem fortwährend neue Lebenskräfte schenkte.
Das Erleben in der Natur so zu vertiefen, dass man diese Schönheit immer mehr überall *sah*, das war ein Weg, der am Anfang vielleicht nicht ganz leicht zu sein schien, der aber immer leichter wurde, je weiter man ihn ging. Und dieser Schönheit strömte dann die Liebe frei entgegen...

Das andere Hindernis waren die Menschen – scheinbar. Denn wie war es möglich, ihnen gegenüber mehr Liebe zu empfinden ... oder überhaupt erst einmal ein wenig? Aber vielleicht stand man sich und der Liebe auch hier nur selbst im Weg.
Zunächst aber war es eine Tatsache, dass die Menschen alle so waren wie man selbst, mehr oder weniger. Wenn man nun selbst verlernt hatte, zu lieben, dann hatten es die Anderen auch. Warum sollte oder wie könnte man diese große Menge von lieblosen Menschen lieben? Jeder Mensch hatte seine Fehler. Die meisten Menschen nahmen wenig Rücksicht aufeinander. Man traf ohnehin ständig auf viel zu viele Menschen. Dies alles machte die Menschen wenig liebenswert. Wozu sollte man sich denn überhaupt die Mühe machen?
Das waren vielleicht die ersten Gedanken, die einem kamen, wenn man seinen Blick der Menschenwelt zuwandte. Und gab es nicht Menschen, die man liebte und sehr gern hatte? War es nicht schon viel, wenn man sich aufrichtig um einige wenige Freunde und um seine Familie kümmerte und für sie da war?

Und doch begann die entscheidende Frage schon vorher. Es ging nicht darum, für jeden Menschen ‚da' zu sein – es ging darum, ob die Menschen, die um einen waren, gleichgültig waren, oder sogar unangenehm, störend, verhasst, oder ob man etwas ganz anderes ihnen gegenüber empfinden konnte: Sympathie, Zuneigung, Liebe... Nicht, weil sie überdurchschnittlich sympathisch wären, sondern umgekehrt: weil man in sich selbst eine überdurchschnittliche Sympathie zu erwecken vermochte...

Darum ging es. Und warum ging es darum? Weil die Liebe nicht fragte, ob etwas oder jemand sie verdiente. Für die Liebe war das keine Frage. Sie ging zu dem hin, der sie schon deshalb verdiente, weil sie zu ihm hinging... Die Liebe fragte nicht, sondern sie schenkte – sich selbst...

Was bedeutete das dann? Die Liebe strömte aus unserem Herzen nicht von selbst – sie tat es nur, wenn wir sie aus ihm hervorströmen ließen. Dies konnte nur dann geschehen, wenn wir uns der Liebe ähnlich machten. Unsere Liebe war es nur, wenn wir selbst die Liebe wurden, die wir aus uns hervorgehen ließen. Wir konnten nur lieben, wenn nicht *wir* das Eine und die Liebe das Andere war. Die Liebe musste eine unmittelbare Offenbarung unseres eigenen Wesens sein. Wenn wir lieben wollten, durften *wir* nicht mehr fragen, sondern nur die Liebe schenken...

Es kam nicht darauf an, ob jemand unsere Liebe verdient hatte; es kam nicht darauf an, ob jemand uns sympathisch war. Nur darauf kam es an, ob wir ihm unsere Liebe schenkten oder nicht... Und doch war es auch hier wiederum so, dass jedes Schenken von Liebe etwas zurückbekam. Glück...

Aber wie lernte man, seine Mitmenschen zu lieben, wenn sie genauso lieblos und schlimm waren wie man selbst...?
Vielleicht war dies genau der richtige Anfang. Vielleicht war es am besten, sich einmal klar darüber zu werden, wie lieblos man eigentlich war – nicht nur der Natur gegenüber, sondern überhaupt. Vielleicht war dies ein wunderbarer Anfang: einmal wirklich zu erschrecken darüber... Nicht auf die Mitmenschen zu schauen, sondern nur auf sich; so als hätten alle An-

deren schon viel mehr Liebe als man selbst. Und dann aufrichtig zu entdecken, wie wenig man eigentlich liebte...
Es war ein wenig wie bei einem großartigen Vorhaben. Man nahm sich ganz viel vor, man übte begeistert, man begann, Fortschritte zu machen ... aber irgendwann ließ die Lust nach, man übte weniger, schließlich noch weniger, schließlich gar nicht mehr...
So war es mit der Liebe – so ähnlich. Als Kind hatte man davon eine Überfülle, man brauchte gar nicht zu üben. Später verschwand das immer mehr – es ging jedem so, also fiel es gar nicht auf, jedenfalls schämte man sich dessen nicht. Außerdem hatte man ja immer noch genug. Oder nicht? Und irgendwann kam dann der Moment, in dem sich alle Tore unseres Herzens öffneten, weil uns jener Mensch begegnete, dem all unsere Liebe von selbst entgegenströmte...
Aber auch dieser Augenblick wurde wieder Teil der Vergangenheit. Und mit ihm wurde die Liebe dieses Moments oder dieser Zeit Teil der Vergangenheit, selbst wenn wir mit diesem Menschen zusammenblieben. Wir wurden älter, die Liebe wurde älter; der Zauber der Liebe, der zunächst alles um uns mit eingehüllt hatte, zog sich wieder immer mehr zurück, schließlich ganz, so dass er nur noch uns und den geliebten Menschen umgab, und dann noch weiter, so dass er immer schwächer wurde, bis der Zauber ganz verschwand und von der Liebe noch dasjenige übrig blieb, was weiterhin nach und nach schwächer wurde.
Und schließlich waren wir in der Gegenwart angekommen. Eine Gegenwart, in der die einstige Liebe vielleicht nur noch aus Resten, Schatten und Erinnerungen bestand.

Das war die Regel – und die Regel war auch, dass man sich damit abfand. Und dennoch – war dies nicht unendlich seltsam? War es nicht so, dass man unendlich viele andere Dinge übte? Dass man sich wöchentlich auf den Sportplatz oder ins Fitnesscenter quälte? Dass man täglich stundenlang arbeitete?

Dass man den Garten umgrub, das Gemüse pflegte? Dass man eine Fremdsprache lernte, sich in ein neues Computerprogramm einarbeitete und noch vieles andere mehr? Überall übte man, strebte man, lernte man, strengte sich an – nur an dem einen Punkt, der einem doch sicher so viel bedeutete, die *Liebe*, da strebte man nicht? Da lernte man nicht, übte man nicht?
Was spielte hier mit? Wenn man hier noch immer bei sich schaute, was entdeckte man da? Warum war man nicht bereit, etwas dafür zu tun, damit die Liebe nicht abnahm und welkte, alt wurde und dahinsiechte?
Weil man es nicht wusste? Nicht wusste, dass man etwas dagegen tun konnte? Nein, das konnte nicht der Grund sein. Es war *niemandem* unbekannt, dass dies kein Naturgesetz war, dass die Liebe abnahm; dass es vielleicht ein natürlicher Vorgang war, aber kein notwendiger. Sondern der Grund war: *man ließ es zu*. Alle ließen es zu – jeder Einzelne.

Und auch dafür gab es wieder einen Grund: Den Blick auf sich selbst liebte man nicht. Man hasste ihn. Man liebte es, auf den Anderen zu schauen. Und wenn der Andere einen auf einmal weniger liebte oder weniger zu lieben schien als vorher, so konnte man ihn dafür verurteilen und damit bestrafen, dass man ihn nun selbst auch weniger liebte als vorher. Wie auch immer man diesen Vorgang genau erlebte und beschrieb, das Grundphänomen war immer, dass man irgendwann wegen irgendetwas, was mit dem Anderen zu tun hatte, nicht mehr bereit war, ihn genauso zu lieben wie früher.
Bereit war! Irgendwann, unbemerkt, war die Liebe zu etwas geworden, was eine Verhandlungssache war. Unbewusst geschah das. Man wusste gar nicht bewusst, dass dies geschah. Aber es passierte. Irgendwann liebte man nicht mehr – sondern man reagierte. Die eigene ‚Liebe' reagierte auf die ‚Liebe' des Anderen – und bei beiden war es nicht mehr die *wirkliche* Liebe. Es war nur noch ein Schein dieser wirkli-

chen Liebe, und dieser Schein war nicht mehr bedingungslos, und er war auch nicht mehr bedingungslos lebendig, er konnte altern und schwächer werden...

Aber was geschah hierdurch? Man verriet seine große Liebe, weil man sich von ihr verraten fühlte. Sowohl von der eigenen Liebe als auch von dem Anderen.
Wenn man den Anderen jemals unendlich geliebt hatte – wie konnte man es dann zulassen, dass man eines Tages oder in einem bestimmten Moment anfing, ihn *weniger* zu lieben? Wie konnte man das seiner eigenen Liebe, seinem eigenen Ideal dieser Liebe antun? Hatte man dieses Ideal gar nicht? War es einem auf einmal egal geworden? *Wollte* man seine eigene Liebe verlieren? Wollte man dem nichts entgegensetzen? Wollte man, dass der geliebte Andere in den eigenen Augen immer mehr aufhörte, dieser Eine zu sein, dieser wunderbare Eine?
Oder erwartete man *alles* vom Anderen? Dass er einen wirklich bedingungslos liebte? Dass er keinen Fehler machte, dass er keine falschen Seiten zeigte, dass er in seiner Liebe und seiner Wunderbarkeit nicht nachließ – während man selber nur weiterhin angenehm die eigene Liebe hervorströmen lassen konnte, weil der Andere ja vollkommen blieb?
Wo war der Punkt, wo dies auseinanderbrach und aus dem Wunder der Liebe die Tragik des zunehmenden Mangels an Liebe wurde? Wo war der Punkt, wo man sich nicht mehr die vollkommene Mühe gab?

War dies nicht die entscheidende Frage? War es nicht so, dass man, wenn man jenem zauberhaften Wesen begegnete, das einen zutiefst erschütterte, sich mit allem, was man hatte, anstrengte, seiner Liebe würdig zu werden...? Und was geschah als nächstes? Konnte man je glauben, dass dies möglich wäre? Nein, man konnte es allenfalls im Innersten seiner Seele hoffen, man konnte davon träumen, man konnte sich

innigst danach sehnen. Und dann geschah es dennoch! Das geliebte Wesen erwiderte die Zuneigung. Die Zuneigung, die Liebe, wurde etwas Gegenseitiges. Das größte Wunder, was es auf Erden gab – gegenseitige Liebe...
Aber was geschah dann weiter? Irgendetwas geschah, wodurch man aufhörte, sich unendliche Mühe zu geben, dieser Liebe wert zu bleiben. Das aber bedeutete, dass die unendliche Liebe aufhörte, zu strömen, sie wurde eingeschränkt. Man ging über zu einem Zustand, in dem man sich des geliebten Wesens sicher glaubte. Nicht mehr versicherte man sich durch innig geschenkte Blicke der gegenseitigen Liebe, in jedem Moment der Tatsache bewusst, dass dies reinstes, tiefstes Geschenk war, fast ungläubig empfangen – sondern man fühlte sich sicher. Man begann, es vorauszusetzen. Eine Gewöhnung trat ein. Das Gefühl eines Besitzes löste das immer unsichere, immer zu allem bereite, in tiefster Hingabe lebende Leben der Liebe ab.
Und dann, an diesem Punkt, begannen die unbewussten Verhandlungen, die unbewussten Aufrechnungen, zunächst aber das unbewusste Erschlaffen. Das Bequemwerden. Das Sich-zur-Ruhe-Setzen dessen, was einmal die Liebe war und sich noch immer so anfühlte. Man tat nicht mehr *alles* für den Anderen, man tat nur noch *fast* alles. Und dann tat man noch etwas weniger – und außerdem regte sich eine kleine Unzufriedenheit, denn man bemerkte, dass der Andere auch nicht mehr alles tat. Oder vielleicht bemerkte man nur dies, während man noch immer der Meinung war, alles zu tun...
Das Unterbewusstsein begann zu rechnen, zu interpretieren, zu entscheiden – und irgendwann begann auch das Bewusstsein damit...

So verriet man seine große Liebe, im doppelten Sinne. Man verriet diesen einzigartigen Menschen, dem man doch innerlich irgendwann geschworen hatte, ihn für immer mit dieser unendlichen Liebe zu lieben. Und man verriet diese große Liebe selbst, die man einmal gehabt hatte.

Man konnte dies alles auch dem Anderen vorwerfen – aber davon wurde beides nicht wieder lebendig: weder die eigene große Liebe noch das Wunderbare, das der Andere einmal gewesen war, das man einmal bedingungslos in ihm gesehen hatte, weil es wirklich dagewesen war!

Die Liebe war keine Verhandlungssache – sie konnte durch all dies nur vertrieben werden. Scheu zog sie sich zurück, weil sie in ihrer wahren Gestalt nicht mehr da sein durfte. Die *eigene* Liebe! Sie war es, die von der eigenen Aufrechnerei vertrieben wurde.

Nicht, was der Andere tat, zerstörte die eigene Liebe, sondern der Entschluss zur dosierten Lieblosigkeit. Wenn man *wirklich* lieben wollte, und wenn man wollte, dass der Andere dieser wunderbare Mensch blieb, den ein Zauber umgab, dann musste man nur bei sich suchen. Man durfte einfach nicht aufhören zu lieben! Mochte der Andere auch Dinge tun, die die Liebe zu verletzen drohten – die tiefe Liebe würde Wege finden, selbst nicht geringer zu werden und auch die Liebe des Anderen nicht geringer werden zu lassen.

Die tiefe Liebe würde den Anderen nicht ein Stück fallen lassen, sie würde ein weiteres Stück auf ihn zugehen, ihn auffangen, ihn tragen, ihn wieder in den Himmel heben...

Das war die ganze Wahrheit.

Aber die andere Wahrheit war, dass wir diese tiefe Liebe nicht besaßen. Man kannte vielleicht die schnell entflammbare Liebe, aber es gab einen zu großen Teil in einem selbst, der sich schließlich in jener Weise zur Ruhe setzte, um die Liebe des Anderen zu genießen und um zu rechnen, wenn irgendetwas nicht stimmte. Dass er selbst gerade das Problem war, hätte dieser Teil nie erkannt und auch nie zugegeben. Aber die Wahrheit war, dass es in uns allen einen solchen

Teil gab. Dieser Teil hatte die große Liebe in dem Moment verraten, in dem er sich setzte...

Was bedeutete dies dann für die Liebe zu den Mitmenschen? Es bedeutete immer wieder, diesen Teil in uns anzuschauen, der gar nicht bereit war, zu lieben, wenn es nicht bequem und angenehm war, wenn es sozusagen nicht wie von selbst ging, weil alles liebenswert war.

Niemand zwang einen zur Liebe. Die einzige Frage war, ob man beginnen *wollte* zu lieben.
Wenn man dies aber wollte, dann konnten einem solche Betrachtungen des eigenen Inneren eine sehr große Hilfe sein.

Eine andere Möglichkeit war, sich in das zu vertiefen, was an anderen Menschen liebenswert war – auch wenn dies nicht unmittelbar ins Auge sprang. Wenn Morgenstern sagte, dass eigentlich alles schön war, was man mit Liebe betrachtete, war deutlich, dass es letztlich kaum etwas geben konnte, was man *nicht* irgendwie lieben und durch seine Liebe vielleicht auch von seiner Hässlichkeit erlösen konnte.
Was war an anderen Menschen liebenswert?

Das Erste, was man tun konnte, war, sich auch bei dem einzelnen Menschen in die Qualitäten zu vertiefen. Was tat dieser Mensch? Wie tat er es? Wie ging er? Wie waren seine Gesichtszüge? Was machte ihn noch aus, was war noch alles einzigartig an ihm?
Auch hier war es nicht anders möglich, als dass dies langsam die Liebe erweckte – denn allein schon die genaue Beobachtung war ein Akt der Liebe. Es war *liebevolle* Beobachtung. Es war ein Anschauen mit einer Liebe zum Detail. Anders ging es gar nicht...
Normalerweise gingen die Menschen aneinander vorbei, ohne sich zu sehen. Zwar sahen sie einander, aber wer konnte

schon im nächsten Augenblick noch sagen, was der Andere für Kleidung trug; was seine Gesichtszüge waren oder was ihn überhaupt unverwechselbar machte? Man musste den Blick üben. Das Üben des Blickes war bereits ein Üben der Liebe.

Außer der liebevollen Wahrnehmung gab es aber noch einen zweiten Weg – und das war ein liebevolles Denken.
Wie oberflächlich dachte man zunächst über die Menschen! Dachte man überhaupt? Und wenn, welchen Inhalt hatte dieses Denken zunächst? Waren es nicht lauter Vorurteile und negative Urteile? Und wenn nicht nur – wie viele davon fällte man dennoch jeden Tag? Wahrscheinlich musste man auch dies erst einmal beobachten, um es überhaupt zu entdecken. Vielleicht würde man dann einmal mehr über sich erschrecken und könnte auch hier zu leiden beginnen. Das wäre ein guter Anfang...
Aber was war dann ein liebevolles Denken?

Konnte man auch dies nicht von seiner großen Liebe lernen? Von jenem ersten wunderbaren Menschen, der für einen alles bedeutet hatte? Was hatte man von ihm gedacht? Und mehr noch: *wie* hatte man von ihm gedacht? Welche Färbung hatte das Denken, wenn man von ihm dachte?
War es nicht ein goldenes, preisendes, lichtvolles Denken, das alles in ein Ideal hob? Aber war es darum weniger wirklichkeitsgesättigt – oder war es nicht gerade dieses Denken, das einem die Wirklichkeit jenes Menschen schenkte; das erst dazu geeignet war, sein wunderbares Wesen wirklich zu erfassen? War nicht vielmehr das gewöhnliche Denken viel zu profan und schwer, um der Wirklichkeit jenes einen, so innig geliebten Menschen auch nur nahezukommen?
Wenn wir uns lebendig an jene größte, tiefste Liebe erinnerten, die wir je empfunden hatten, so konnten wir uns auch an das Denken erinnern, das damit verbunden gewesen war. Es

war ein Denken, das die wahren Seiten jenes innig geliebten Menschen an das wahre Licht brachte. Es war ein Denken, das uns sehend machte für die zauberhaften Seiten eines Menschen. Für uns waren sie offensichtlich ... und dennoch sahen wir sie nur – und sahen sie in diesem leuchtenden Zauber –, weil wir liebten und mit Liebe dachten. Weil auch unser Denken reine Liebe war.

Das Denken konnte sich mit Liebe durchdringen. Dann sah es, wie schön ein Mensch mit all seinen Eigenschaften wirklich war. Dann fällte es keine negativen Urteile mehr, mit jedem negativen Urteil hielt es sich zurück, wartete, hielt verschiedenste Gründe für möglich, trat immer als Verteidiger dieses Menschen auf, nie als Ankläger.

Und wie mit der Wahrnehmung, so war es auch mit dem Denken. Ein solches Denken musste nach und nach immer mehr zu einer Liebe kommen, denn es *war* von Anfang an Liebe und durchdrungen von Liebe.

Der Mensch, der sein Wahrnehmen und sein Denken mit Liebe durchdrang, der fühlte irgendwann auch unmittelbar in seinem Herzen die Liebe zu seinem Mitmenschen...

Der Weg des Denkens hatte aber noch andere Möglichkeiten. Man konnte über den *einzelnen* Menschen schöne, wahre, positive Gedanken bilden. Man konnte aber auch über den Menschen überhaupt Gedanken bilden. Und hier eröffnete sich ein Feld allerweitester Möglichkeiten.

Man konnte sich zum Beispiel bewusst machen, wie sehr jeder Mensch sich nach Liebe sehnte. Auch hier konnte die eigene Selbstbeobachtung den Anfang machen – und je mehr sie es tat, desto weniger theoretisch blieben die Gedanken. Jeder Mensch sehnte sich nach Liebe... Konnte nicht allein schon dieser eine Gedanke, immer und immer wieder real erlebt, das ganze Innere verwandeln, immer mehr ein Mitleid mit dem einzelnen Menschen, einen guten Willen hervorru-

fen? Zunächst in Gedanken – und dann immer mehr auch in Wirklichkeit?
Und man konnte in dieser Art weiter denken. Man konnte sich bewusst machen, dass eigentlich kein Mensch *absichtlich* etwas wirklich Böses tat. Dass kein Mensch absichtlich in der Liebe nachließ, dem Anderen etwas aufrechnete, ihm Gleiches mit Gleichem vergalt, jemanden verletzte und so weiter. Man tat vieles aus eigener Verletzung, teilweise auch bewusst, aber das war etwas anderes als wirklich böser Wille.
Und auch der Verlust der Liebe war nie etwas Absichtliches. Derjenige, der die Liebe langsam verlor, litt darunter genauso, denn er verriet ja sein Ideal, und das fühlte er auch...
All dies konnte man sich in ernsthaften, tiefen Momenten der Besinnung möglichst tief klar machen. Wenn man dies aber tat, wuchs allmählich in ungeahnter Weise ein Verständnis für den Mitmenschen, für das oft traurige Schicksal des einzelnen Menschen überhaupt. Und dies war dann kein bloß gedankliches Verständnis, es war ein tiefes, fühlendes, sanftes, reales Verständnis – ein Verständnis, das in sich selbst eine wachsende Liebe barg.

Und so konnte man immer weiter gehen. Man konnte sich vor Augen stellen, wieviel Leid und wieviel Schicksalsschläge es in der Welt gab – wieviele Menschen mit Leid und schweren Lebensprüfungen kämpfen mussten. Mit Krankheiten und Schmerzen, bei sich selbst oder bei ihren Lieben. Und wenn man dies nicht nur als theoretische Überlegungen dachte, sondern wenn man im Denken und im Mitempfinden der Realität tief erlebte, dass es wirklich *so war*, dann wuchs auch hier wieder ein immer tieferes Verständnis und Mitleid, eine immer tiefere Fähigkeit, mitzuleben und mitzuleiden mit dem anderen Menschen.
Man konnte sich die Schicksalswege dann auch konkret vorstellen. Vielleicht hatte ein Mensch tatsächlich eine tief unglückliche große Liebe gehabt. Vielleicht hatte ein Anderer

überhaupt nie jenen Moment gehabt, wo er einen anderen Menschen abgrundtief geliebt hatte, vielleicht kannte er diese Liebe fast überhaupt nicht...
Vielleicht waren andere Menschen durch ihr ganzes Umfeld in ein Leben der Gefühlsarmut oder Gefühllosigkeit hineingeraten, hineingetrieben worden. Wenn man sie nun noch dafür verurteilte – verriet man sie nicht ein weiteres Mal?
Und selbst da, wo es nicht um Gewalt und brutale Gefühlsarmut ging – wie viele Versuchungen gab es in der Welt, die *alle* verhinderten, dass ein Herz die Liebe fand oder nicht verlor? Eine Erziehung, die auf den Erfolg und das Erfolgsstreben blickte. Eine Umgebung, durch die man lernte, in Reichtum und Macht etwas Wesentliches zu sehen. Oder die einen auf den Sex hin orientierte. Oder auf das rein intellektuelle, abstrakte Denken. Oder auf Grundsätze wie ‚Jeder ist sich selbst der Nächste' oder ‚Hilf dir selbst, dann ist allen geholfen'.
Diese Einflüsse beherrschen die Gegenwart. Unzählige, wenn nicht alle Menschen fielen ihnen zum Opfer, irgendwo. Es war ein Wunder, wenn sich das eine oder andere Herz ein wenig rein daraus hervorrettete... Wenn man dies alles tief bedachte; wenn man all diese Einflüsse in sich selbst suchte, verfolgte und wiederfand – war es denn anders möglich, als dass in einem immer mehr das Verständnis und das Mitleid wuchsen?

Alle Menschen waren Opfer – und wurden gegenseitig aneinander zu Opfern und Tätern. Sie waren Opfer einer allzu lieblosen Welt, die sie und ihre Vorgänger selbst geschaffen hatten. Sie verstrickten sich in diese Lieblosigkeit und fielen dann selbst...
Niemanden, wirklich niemanden konnte man verurteilen! Und immer mehr *wollte* man auch niemanden mehr dafür verurteilen. Immer mehr wollte man nur noch dazu beitragen, dass es wieder anders werden konnte.

Wenn die Welt lieblos geworden war – wo konnte die Liebe dann überhaupt wieder in die Welt hineinkommen? Wo, wenn nicht wiederum durch die Menschen? Und durch wen, wenn nicht durch den, der erkannt hatte, warum der Mangel an Liebe so unendlich groß war...

Und wiederum, wie bei der Wahrnehmung, vielleicht hatte man die Liebe zunächst nicht als *freie* Kraft in sich. Vielleicht musste man auch hier seine Zuflucht zunächst zu der eigenen großen Liebe seines Lebens nehmen. Aber auch hier konnte das Denken und Vorstellen wieder eine neue Hilfe geben.

Wenn es ein Mädchen gewesen war, das man geliebt hatte, konnte man im Denken nicht noch einmal an diesen Punkt zurückkehren, wo man mit all seiner Liebe diesem Mädchen nahe war und wo man doch gerade durch seine Liebe diesen Gegensatz empfand? Ein so wunderbares Mädchen in einer so oft überhaupt nicht wunderbaren Welt...

Tat es einem nicht oft innerlich weh, dass ein so zauberhaftes Wesen in dieser und nicht in einer anderen Welt leben musste? Wollte man nicht schon um seinetwillen die Welt so schön und so gut machen, wie es nur irgend ging? Und ging es einem Mädchen, einer Frau, nicht umgekehrt ebenso, wenn sie an ihren Geliebten dachte?

Konnte man nicht *diese* Erinnerung und diese Liebe zu Hilfe nehmen, wenn man an die Welt und die Mitmenschen dachte? Konnte man sich nicht sagen: Die große Liebe meines Lebens ist nicht mehr bei mir – aber ich will so handeln, als *wäre* sie es; als würde ich alles, was ich tue, für sie tun, noch immer...

Konnte man nicht fortwährend nach einem solchen Ideal leben? Selbst wenn man mit der Liebe seines Lebens nicht vereint war, so zu handeln, als wäre sie fortwährend bei einem...? Und *wenn* sie bei einem war – dann doch erst recht?

Vielleicht dachte man, dass man dies doch wirklich täte. Aber ein solches lebendiges Ideal hatte man zunächst ja gar nicht. Man musste es sich immer mehr erringen. Es war das fortwährende Ringen, mehr zu tun und das, was man tat, schöner und edler zu tun, als es derjenige Teil in einem wollte, der das Angenehme vorzog. Wenn man sich über dieses Ideal selbst belog, belog man zugleich seine große Liebe...
Dieser *eine* Mensch, den man unendlich liebte, der bei einem war oder den es einmal gegeben hatte, konnte einem helfen, innerlich alle Kräfte anzuspannen, um ein immer liebevollerer, tatkräftiger Mensch zu werden – wenn man es, auch um seinetwillen, selbst wollte. Und das eigene Denken konnte einem dabei helfen, dieses wunderbare Ideal, auch das Ideal des innig geliebten Menschen, immer wieder und immer tiefer und kräftiger zu formen und vor sich zu sehen...

Man wusste gar nicht, wie sehr alles vom Denken abhing. Alles hing davon ab... Es gab überhaupt keine tiefe Liebe, wenn man nicht zu idealisieren vermochte. Aber idealisieren bedeutete nicht etwa, zu phantasieren – es bedeutete, mit aller Kraft, mit allem Willen das Gute zu erkennen, das Schöne zu sehen und das Beste zu wollen. Idealisieren bedeutete, in dem Anderen das Schönste und Beste zu sehen – und in sich selbst das Schönste und Beste zu entfalten... Es bedeutete auch, in dem Anderen nur das Schöne und Gute sehen zu *wollen* und alles Andere nicht ins Gewicht fallen zu lassen, immer wieder zu verzeihen oder es eben *auch* zu lieben und dadurch ebenfalls schön zu machen. Leuchtendes Denken, aufgenommen in das eigene Wollen, das war das Ideal...
Ohne dieses Idealisieren gab es die unendliche Liebe gar nicht. Und doch sah das idealisierende Denken die Wahrheit, die Wirklichkeit des anderen Menschen – manchmal war diese vielleicht noch gar nicht voll entwickelt, und trotzdem sah man sie. Wie oft rief die idealisierende Liebe ganz und gar

real das Beste und Schönste im Anderen überhaupt erst voll hervor!
Und wenn man ein Ideal im Handeln hatte, dann war man es selbst, der die Realität hervorrufen musste. Sich selbst, eine bestimmte Weise des eigenen Handelns, musste man zu einer Wirklichkeit machen, die zunächst noch gar nicht da war. Das Denken formte ein leuchtendes Bild, das Wollen nahm dieses Bild in sich auf. Das war ein Ideal...

Aber hier sah man auch den Weg, auf dem das Ideal, das idealisierende Denken zu einer freien Kraft werden konnte. Denn wenn man *wirklich* einmal ein Ideal gefasst hatte, dann brauchte man nicht mehr jenes einzigartig geliebte Wesen, für das man dies alles tat. Dann war das Ideal selbst etwas, was den Willen befeuerte. Dann war es nicht mehr die Liebe zu dem einen wunderbaren Menschen – dann war es die Liebe zu dem wunderbaren Ideal selbst geworden...
Dann war es nicht mehr der eine geliebte Mensch, der den Taten Bedeutung gab, dann hatten die Taten selbst Bedeutung, weil sie dem Ideal entsprachen oder entsprechen wollten. Man war dann nicht mehr um des einen innig geliebten Menschen willen gerecht – oder bemühte sich um Gerechtigkeit –, sondern weil man die Gerechtigkeit selbst liebte und als Ideal in sich trug. Und dieses Ideal wiederum ließ einen immer mehr alle Menschen lieben, denn es war wie alle moralischen Ideale bereits eine bestimmte Form der Liebe.

Aber jeden einzelnen Schritt auf diesem Weg musste man wollen – sonst konnte man ihn nicht machen. Vor allem musste man jeden Schritt in das Licht der Liebe stellen – sonst konnte man noch immer in eine falsche Richtung gehen. Wenn man aus abstrakten Ideen heraus Ideale bildete, konnte es leicht geschehen, dass man sich für einen guten, liebenden Menschen hielt und dennoch das Ideal über die Mitmenschen stellte. Dann diente das Ideal nicht der Liebe –

es wurde zum Selbstzweck. Die Liebe musste jeden Schritt hervorbringen und leiten – sonst entfernte man sich von ihr...

Das Denken hatte aber noch immer unendliche Möglichkeiten. Was war der Mensch? Hatte man darüber in letzter Hinsicht schon Gedanken gebildet? Hatte nicht das, was man das ‚Menschenbild' nannte, eine unendlich wesentliche Bedeutung? Würde man denn je eine tiefe Liebe zum Mitmenschen entwickeln, wenn man den Menschen mehr oder weniger nur als eine biologische Spezies ansah? Oder würden sich diese Vorstellungen nicht unbemerkt in alles hineinmischen, was man über den Mitmenschen dachte und nicht dachte; was man überhaupt fähig war zu denken?
Da, wo man dem einen Menschen begegnete, den man so unendlich lieben musste, da setzte ein solches Menschenbild unweigerlich aus, da verdrängte man es bis an den äußersten Rand des Unterbewusstseins. Denn wie war in einem rein biologistischen Welt- und Menschenbild eine solche Liebe und ein solches Wesen überhaupt möglich? – In die übrigen Menschenbegegnungen aber konnte es dennoch voll hineinspielen, unterbewusst zwar, aber dennoch so, dass es das Hervorströmen einer starken Liebe unmöglich machen konnte.

Was war der Mensch? Welche Gedanken konnte man sich vom Menschen, vom Wesen des Menschen bilden?

Wenn man zunächst einmal bei dem Phänomen blieb, dass die Menschen sich in ihrer Leiblichkeit als Mann und Frau offenbarten, konnte man schon daran viele Fragen haben.
Die Leiblichkeit war unterschiedlich, aber was war mit den seelischen Empfindungen, mit den Gefühlen und Gedanken, mit dem inneren Leben eines Menschen? Hier gab es ganz gewiss auch Unterschiede zwischen Mann und Frau, aber sie waren schon fließender. Und was war mit der wirklichen Individualität eines Menschen? War diese im eigentlichen Sinne noch weiblich oder männlich?

Aber natürlich konnte man diese Frage überhaupt nur stellen, wenn man etwas Anderes auch denken konnte; wenn man überhaupt eine Individualität denken konnte, die möglicherweise nichts mehr mit allen leiblichen Bedingungen zu tun hatte. Es war dann etwas, was diesen Leib zwar hatte, was aber genauso gut einen anderen Leib hätte haben können, nicht einen weiblichen, sondern einen männlichen Leib, in dem sich diese Individualität ebenso auf einzigartige Weise offenbart hätte.

Wenn man annahm, dass eine solche Individualität sich in wiederholten Erdenleben verkörperte, dann konnte sie sogar sowohl einen weiblichen als auch einen männlichen Leib vielleicht schon viele Male gehabt haben – und dennoch jeden einzelnen Leib immer wieder auf einzigartige Weise, zwar von dem Vererbungsstrom übernommen, aber ihn dann auf einzigartige Weise prägend und umgestaltend...

Es war doch unmittelbar deutlich, dass ein solches Bild des Menschen vollkommen andere Gedanken gab oder zu geben vermochte als ein biologistisches Menschenbild? Und es war doch deutlich, dass dies bis in die Einzelheiten des Alltags und des gesellschaftlichen Zusammenlebens von größter Bedeutung sein würde? Bestand denn das heutige Zusammenleben nicht zu einem großen Teil aus Vorstellungen, die mit dem biologistischen Prinzip von Darwin, der Selektion, eng zusammenstimmten? Herrschte nicht längst eine Vorstellung vor, dass man im Leben kämpfen musste, sich anpassen musste, flexibel sein musste, besser als die Anderen sein musste... *Gab* es keine andere Möglichkeit, das menschliche Zusammenleben zu denken – oder hatte man einfach nur aufgehört, andere Möglichkeiten zu denken und verwirklichen zu wollen? Hatte man sich an einen nunmehr fast alleinherrschenden Gedanken angepasst? Und wenn ja – hatte dies nicht unendlich viel mit dem Menschenbild zu tun?

Aber was konnte denn dafür sprechen, stattdessen anzunehmen, dass der Mensch nicht nur ein leibliches Wesen war, sondern auch ein überleibliches, übersinnliches Wesen, das sich vielleicht in mehreren Erdenleben immer wieder verkörperte?
Nun, man stellte die einfachsten Fragen nicht mehr, man staunte über die einfachsten Tatsachen nicht mehr. Was war mit der Liebe? Mit jener Liebe, die über jede äußere Anziehung weit hinausging, unendlich weit, weil sie von einem ganz bestimmten Menschen zutiefst berührt wurde? War nicht dies bereits für ein tiefes Empfinden und Wahrnehmen, für ein aufrichtiges Besinnen und Verwundern Grund genug, wirklich und lebendig zu ahnen, dass die Menschen nicht ‚unbeschriebene Blätter' waren, sondern dass sie mit ihrem einzigartigen Wesen etwas mitbrachten; dass sie, wenn eine so erschütternde Begegnung stattfand, einander *kannten*, irgendetwas miteinander zu tun hatten...?
Und wenn man jemanden innig liebte – konnte man sich dann überhaupt vorstellen, dass mit dem Ende eines Lebens alles zu Ende war, oder ahnte man nicht auch hier, dass ein Ende gar nicht möglich war, dass man auch nach dem Tode wieder vereint sein würde und dass man, wenn es vergangene und künftige Leben gab, diesem innig geliebten Menschen unbedingt wieder begegnen, dass man ihn unbedingt wiederfinden würde, ja musste?

Und stand man nicht ohnehin staunend vor dem Rätsel des Menschen – diesem Wesen, das in jedem seiner Individuen so unerschöpflich vielfältige Anlagen hatte? Dass auch in jeder einzelnen Individualität so unterschiedlichste Anlagen mit ins Erdenleben brachte? Anlagen, die vielleicht durch die Eltern begünstigt sein konnten, aber niemals immer dadurch zu erklären waren? Was war mit den herausragenden Begabungen, die ein bestimmter Mensch einfach mitbrachte? Aber was war auch mit den unzähligen Möglichkeiten, die jeder

einzelne Mensch hatte – und die zwangsläufig mit dem Tod unvollendet blieben, manche nicht einmal berührt...?
Konnte man nicht auch hier immer tiefer ahnen, dass all diese angefangenen und unvollendeten Wege sich fortsetzen mussten? War dies nicht der Grund gerade für die größten Geister, wie Goethe oder Lessing, zu der Überzeugung zu kommen, dass die menschliche Individualität nicht nur eine ewige war, sondern eine, die wirklich mehrere Leben hatte?
Und konnte nicht allein dies all diese Rätsel wirklich berühren? Die erschütternden Begegnungen, die mitgebrachten Begabungen, das Rätsel des so vielfältig unvollendet Bleibenden...

Und so gab es viele Gründe, vor dem simplen, geradezu erschreckend unmenschlichen Weltbild des ‚modernen' Menschen zu stehen und sich im wirklichen Empfinden dessen zu fragen, wie es möglich war, dass Menschen einmal so gedacht haben – und alles ausblenden konnten, was den Menschen menschlich machte und mit diesem Weltbild nicht erfasst wurde...
Nicht nur die Liebe. Nicht nur die Einzigartigkeit jedes einzelnen Menschen. Nicht nur die individuellen Begabungen. Nicht nur das unendlich Unvollendete eines einzigen Lebens. Auch das Wunder des Denkens, des Moralischen, des Religiösen. Der Mensch *war* einfach mehr als ein biologisches Wesen – auch wenn die Naturwissenschaft es nicht erklären konnte, weil sie Anderes ja auch gar nicht zuließ...

Wenn man aber annahm, dass sich mit der Empfängnis ein ewiges Wesen mit dem Leibeskeim verband, ein Wesen, das sich vielleicht schon seit langer Zeit gerade *diese* Eltern gesucht hatte, dann veränderte sich das gesamte Weltbild völlig. Denn dann waren die Menschen wirklich nicht mehr ‚Zufälle' und beliebige Subjekte, sondern es waren wahrhaft Mitbrüder und Mitschwestern in einem erschütternden Gesche-

hen. Wenn man wirklich einmal dachte, dass es so war – dass jede einzelne Individualität in wiederholten Leben auf die Erde und in einen Leib zurückkehrte, den sie sich suchte –, dann war sogar die ganze Menschheitsgeschichte nicht mehr etwas, mit dem man nichts zu tun hatte, sondern dann war man nicht nur jetzt, sondern schon immer ein Teil dessen gewesen! Und man war seit langem auf dem Weg, die Erde immer und immer wieder umzugestalten, vor allem auch, sich selbst immer weiter zu entwickeln, zusammen mit seinen Mitbrüdern und Mitschwestern.
Wenn dies kein völlig anderes Weltgefühl gab – was dann?

Standen sich die Menschen nicht nur deshalb nicht *mehr* bei, weil sie dies nicht wussten? Wie würde sich das menschliche Zusammenleben verändern, wenn man wirklich nach und nach dahin kam, im Mitmenschen gleichsam Brüder und Schwestern zu sehen? Gefährten, die sich immer wieder verkörperten, die viel mehr miteinander zu tun hatten, als sie meinten – und als sie aufgrund eines völlig falschen, korrumpierenden und reduzierenden Weltbildes erkennen konnten?
Und was könnte geschehen, wenn man dann noch den Gedanken hinzu nahm, dass man füreinander *verantwortlich* war? Was würde geschehen, wenn man eines Tages sogar für den Mitmenschen mehr Verantwortung empfand, als man es jetzt für die leiblichen Geschwister tat? Was würde geschehen, wenn eines Tages solche leuchtenden moralischen Ideale den Willen der Menschen befeuern würden ... weil man es *wollte*?
Goethe schrieb einmal: ‚Wenn die Hoffnungen sich verwirklichen, dass die Menschen sich mit allen ihren Kräften, mit Herz und Geist, mit Verstand und Liebe vereinigen und voneinander Kenntnis nehmen, so wird sich ereignen, woran jetzt kein Mensch denken kann.' – Genau darum ging es. Heute konnte man sich noch überhaupt nicht vorstellen, was *dann*

geschehen würde. Aber eines war sicher: Es würde sich dann erst wahrhaft das Wesen des Menschen offenbaren...

Der Mensch war nicht dazu geschaffen, sich gleichgültig zu sein, auch nicht dazu, der Feind seines Mitbruders zu sein. Der Mensch war nicht ‚des Menschen Wolf' – er war es vielleicht oft gewesen und geworden, aber dies war nicht seine Bestimmung, dies war nicht sein Wesen, dies war nicht das wahrhafte, reale Menschliche. Das Menschliche musste sich erst noch offenbaren, immer mehr.

*

Dafür war es aber auch notwendig, immer mehr unterscheiden zu können – etwa zwischen dem Leiblichen, dem Seelischen und dem Geistigen.
Wie hing dies eigentlich gerade in der Begegnung von Mann und Frau und in der Liebe zusammen?

Was wirkte, wenn ein Mann von der Begegnung mit einer Frau zutiefst erschüttert wurde? Wenn ihn alles berührte – ihre Gestalt, ihre Stimme, ihre Augen; das, was sie tat; wie sie es tat...
Es war dann eine Berührung durch ihr Wesen. Wenn man davon ausging, dass das tiefste Wesen des Menschen weder männlich noch weiblich war, dann sah man dieses Wesen *durch* die Erscheinung hindurch – und würde es immer tiefer kennenlernen, je mehr man den Menschen dann kennenlernen durfte. Dieses Wesen würde sich auch in den Begabungen des Menschen zeigen, in seinen Interessen, in der Art, wie diese Interessen verfolgt wurden; in dem, was durch den ganzen Charakter hindurchleuchtete...
Dieses Wesen offenbarte sich aber in *allem* – auch in der Art der Bewegungen, in der Stimme, in den Augen... Nicht, insofern die Stimme weiblich war, aber indem es die Stimme

gerade dieses Menschen war, der in diesem Leben den Leib einer Frau hatte... Nicht, insofern die Augenfarbe vererbt war, aber indem aus diesen Augen eine einzigartige Individualität blickte...
Man hatte also Leibliches, Seelisches und Geistiges ungetrennt miteinander vereint und konnte es dennoch trennen und unterscheiden.
Das Seelische war das ganze innere Empfinden und Denken, auch insofern sich das geistige Wesen in diesem Leben gerade in diesem Leib offenbarte, der auch weiblich war. Im Seelischen begegneten sich Geist und Leib, insofern war das Seelische ebenfalls weiblich – aber nicht darauf reduziert, sondern inmitten dessen offenbarte sich immer auch das über den Leib und das Geschlecht hinausgehende Wesen dieses Menschen.

Was waren nun die Qualitäten, die eine Frau weiblich machten, nicht äußerlich, sondern innerlich – etwa Sanftheit oder Anmut? War es nicht so, dass ein Mann gerade diese lieben konnte? Warum zogen solche Qualitäten einen Mann an?
Dies war das tiefe Mysterium der Anziehung der Geschlechter, nicht nur dem Leibe, sondern auch der Seele nach, insofern sie weiblich und männlich gefärbt war. Es ging hier um urbildliche Qualitäten, die durchaus nicht immer so auftraten und die von manchem vielleicht auch gar nicht mehr als so tief anziehend empfunden wurden. Dennoch hatte das Weibliche, urbildlich gesehen, so vieles, was das Männliche nicht hatte und umgekehrt. So konnte sich die jeweils anders verkörperte Seele nach der Polarität sehnen und von ihr tief angezogen werden.
Die männliche Seele sehnte sich nach Sanftheit und Anmut, die weibliche Seele nach Mut und Entschlossenheit, und es gab noch viele andere Nuancen, an die man denken konnte. Dies hatte bereits nichts mehr mit dem Leiblichen im engeren Sinne zu tun – es hatte nur noch etwas mit dem Weiblichen

und Männlichen an sich zu tun, mit der Seele der Geschlechter.
Ein Mann konnte von der leiblichen Schönheit einer Frau berührt sein, von ihrer ganzen Gestalt; das war die leibliche Ebene – aber selbst hierin konnte sich überall das Wesen dieses Menschen offenbaren. Inwieweit es das tat, konnte man mit der Zeit immer tiefer ahnen. Wenn eine hässliche Seele in einem schönen Leib lebte, war der Letztere mit Sicherheit zum allergrößten Teil auf die Vererbung zurückzuführen...
Dann konnte ein Mann von der Sanftheit und Anmut einer bestimmten Frau zutiefst berührt werden. Wenn diese sehr stark waren, war es zunächst die allgemeine Anziehung des Männlichen durch das Weibliche. Aber auch hier konnte sich sehr intensiv das einzigartige Wesen *dieser* Frau offenbaren, sowohl in der Art als auch in der Stärke dieser Qualitäten. Man konnte nur versuchen, immer tiefer zu bemerken, was noch immer allgemein war, allgemein weiblich, wenn auch in besonderer Ausprägung, und was wirklich individuell war, was das Wesen hindurchscheinen ließ...

Es schien aber so, dass diese Unterschiede, die über Jahrhunderte hinweg so polar geblieben waren und gehütet wurden, in der modernen Zeit immer mehr wegfielen und sich auflösten. Diese Zeit, die das Individuum betonte, begünstigte, dass sich dieses Individuum immer mehr offenbaren konnte.
Das bedeutete auf der anderen Seite aber zugleich auch etwas für diese Polaritäten: Wenn in dieser modernen Zeit dennoch ein weibliches Wesen eine ganz ausgeprägte Sanftheit und Anmut besaß, und diese nicht etwa pflegte, um damit zu kokettieren oder etwas ähnliches, sondern wenn ganz offensichtlich war, dass diese Eigenschaften ihm zutiefst angehörten – dann waren es notwendigerweise sehr weitgehend wirkliche Wesenszüge dieses einen Menschen.
Das innerste Wesen dieses Menschen war dann trotzdem etwas, was über männlich und weiblich ganz hinausging, und

doch offenbarte dieses Wesen in einem weiblichen Leib diese weiblichen Eigenschaften in einer Weise, die zutiefst erschüttern konnte. Vielleicht würde dasselbe Wesen in einer nächsten Verkörperung auch als Mann eine ausgeprägte Sanftheit und Anmut zeigen – und vielleicht würde derselbe Mensch, der von der weiblichen Erscheinung so erschüttert war, in einem nächsten Leben als Frau auch von jenem sanften Mann zutiefst erschüttert sein.
So konnten also auch die leibliche und die allgemein-seelische Seite der Anziehung ihrer eigenen Qualität nach sehr verständlich sein und trotzdem absolut nicht darauf reduziert sein und fortwährend auch intensive Offenbarungen des Wesens umfassen.

Und das Wesen im Geistigen? Was offenbarte sich im rein Geistigen? Die Interessen eines Menschen, die innersten Ziele, die innersten Gedanken und die innerste *Art* zu denken – nicht, insofern sie vielleicht von der Erziehung und der Umwelt mitgeprägt war, sondern insofern sie die innerste Offenbarung gerade dieses Menschen war. Die mitgebrachten Begabungen und Fähigkeiten. Die Ideale. Das eigentliche Wesen dieses Menschen, jenseits von männlich oder weiblich...
Das alles lernte man erst kennen, wenn man einen Menschen allmählich wirklich kennenlernte, genauer kennenlernte. Und doch offenbarte sich so viel schon auf den ersten Blick – in allem anderen. Schon mit einem einzigen Eindruck konnte man so viel aufnehmen, konnte man so viel erkennen – viel, viel mehr, als man in Worte würde fassen können.

Das Wesen erschloss sich einem erst mit der Zeit ... aber es offenbarte sich dennoch schon vom ersten Augenblick an.

*

Welche Bedeutung hatte das Alter? War dies nur ein leiblicher Faktor? Was war es, was etwa einen Mann sich in ein junges Mädchen verlieben ließ – das vielleicht zwar erwachsen war, aber trotzdem noch immer das im besten Sinne Mädchenhafte und noch weniger das Frauliche offenbarte? Was war diese besondere Anziehung des Jugendlichen, des Mädchenhaften?
Frauen hatten das sicher auch, dass sie sich von sehr jungen Männern angezogen fühlen konnten. Und dennoch suchten Frauen viel eher das etwas Reifere, in dem sich dann das Männliche noch stärker offenbarte. Reife, Mut und Entschlossenheit, nicht die Unreife eines noch Halbstarken.
Die tiefe Wirkung jedoch, die ein junges Mädchen auf einen Mann haben konnte, war urbildlich. Es ging um die besondere Sanftheit und Anmut, die gerade ein Mädchen hatte und die eine Frau oft schon viel weniger hatte. Sanftheit und Anmut aber kreisten um die andere Eigenschaft der Unschuld – und dies war es vielleicht, was ein Mann bei einem Mädchen am allertiefsten suchte.

Novalis hatte etwas Wunderbares über dieses Mysterium geschrieben. Er schrieb: ‚Das schöne Geheimnis der Jungfrau, das sie eben so unaussprechlich anziehend macht, ist das Vorgefühl der Mutterschaft, die Ahndung einer künftigen Welt, die in ihr schlummert und sich aus ihr entwickeln soll. Sie ist das treffendste Ebenbild der Zukunft.'
Die unaussprechliche Anziehung lag darin, dass das Mädchen noch nicht Frau war – dass sie Frau werden würde, aber noch nicht war. Reine Unschuld, reine Zukunft, noch nicht erblüht, gerade erst am Erblühen...
Man konnte das alles auch biologistisch deuten, aber das würde alles auf eine furchtbar niedere Ebene herabzerren und das Wesentliche überhaupt nicht erfassen. Ein Mann, der sich in ein junges Mädchen verliebte, dachte zuletzt daran, dass er gerade mit diesem Mädchen Kinder zeugen und sein Erbgut

verbreiten könnte – Menschen, die so dachten und deuteten, waren einfach wahnsinnig, absolut empfindungslos.

Das, was die Anziehung ausübte, war wirklich die Unschuld, neben der leiblichen Schönheit, aber auch in dieser offenbarte sich ja noch die ganze Unschuld. Das Mädchen war durch seine ganze Unschuld schön – und diese durchzog alles, das Leibliche und das Seelische.

Und warum suchte man diese so stark, warum war man davon so erschüttert, so unendlich angezogen? Weil man sie selbst so sehr verloren hatte! Mit dem Alter, mit der Lebenserfahrung, mit den ‚verlorenen Illusionen' oder besser gesagt Idealen, aber auch mit dem abstrakten Intellekt – man hatte die Unschuld verloren! Vielleicht *vor allem* im Intellekt.

War nicht gerade dies die Unschuld des Mädchens? Dass sie noch überhaupt nicht mit dem Intellekt dachte? Schon die Frau tat dies sehr stark, wenn auch nicht so stark wie der Mann. Aber ein Mädchen tat dies noch überhaupt nicht. Es lebte im Gefühl – und wenn das Gefühl noch weitgehend unschuldig war, dann offenbarte sich diese ungeheure Anziehung...

Das im Gefühl lebende, junge, unschuldige Mädchen – das war es, was einen Mann so erschütternd anziehen konnte. Denn er selbst lebte im Intellekt, der tot war, der ohne Gefühl war und der schon deshalb ganz und gar nicht mehr unschuldig war. Der tote Intellekt hatte das Menschsein selbst verraten – denn er war das größte Hindernis für die Liebe.

Im jungen Mädchen liebte der Mann dasjenige, was ihn einzig und allein aus dem Grab seines Intellekts retten konnte: die lebendige, junge, fühlende Unschuld. Wenn er diese nicht wiederfinden würde, so wäre er innerlich für ewig gestorben. Dies fühlte der Mann unbewusst – und deshalb liebte er das junge Mädchen heiß und innig...

Natürlich gab es auch hier die bloße Anziehung der jugendlichen Schönheit, aber darum ging es nicht. Jener Mann, der sich nach der Unschuld sehnte, würde von anderen jungen Mädchen zwar auch leise angezogen werden, doch dasjenige Mädchen, das wirklich durch sein ganzes Wesen eine Unschuld offenbarte, weil es eine wahrhaft schöne Seele hatte, war das Einzige, das ihn zutiefst erschüttern würde.

Und so konnte ein junges Mädchen einen Mann tatsächlich erlösen. Nicht, indem der Mann sich durch eine Begegnung mit dem Mädchen lebendig fühlen konnte, sondern indem das Mädchen dem Mann wirklich neues Leben schenkte. Dies aber geschah über den Umweg durch das Todeserleben. Gerade in der Begegnung mit dem Mädchen musste der Mann unter seinem eigenen Totsein im Intellekt zutiefst leiden – und die tiefste Sehnsucht nach jener Unschuld empfinden, die ihm in dem jungen Mädchen begegnete.

Nun aber durfte er nicht versuchen, die Unschuld in Gestalt des jungen Mädchens festzuhalten – es sei denn, sie schenkte ihm ihre Freundschaft in völliger Freiheit –, sondern er konnte nur versuchen, die Unschuld in sich selbst wieder zu erringen. Das war es, was das Mädchen ihm schenken konnte: Den unbedingten Willen, ihr in der Unschuld nahe zu sein, wieder eine vergleichbare Unschuld in sich selbst zu einer Realität zu machen.

Der einzige Weg dorthin war die völlige Verwandlung des Intellekts. Das Denken musste wieder eine Unschuld, Reinheit und Lebendigkeit gewinnen, die es einmal gehabt hatte, so wie das junge Mädchen...

Diese Unschuld war dann eine andere als die des jungen Mädchens, und dennoch war es eine, die wieder ‚wurde wie die Kindlein' ... oder eben wie ein junges Mädchen, nur in einer dennoch erwachsenen Form. Das volle Ich-Bewusstsein blieb erhalten, und dennoch kehrte die Reinheit, die Lebendigkeit, die Unschuld zurück...

Worin bestand die Unschuld eines jungen Mädchens, wenn es wirklich noch unschuldig war? Die Unschuld bestand darin, dass es noch nicht an sich selbst dachte, dass es noch nicht selbst sein eigener Mittelpunkt war, sondern dass es voller Liebe und Empfindungen die Welt wahrnahm und sich mit ihr verbunden fühlte; Hoffnungen und Ideale hatte, die die Welt betrafen. Es dachte nicht an sich, es lebte mit der Welt und fühlte die Welt...
Dies war auch das Urbild des unschuldigen Mädchens in so vielen Märchen. Das Mädchen in ‚Frau Holle' dachte nicht an sich, sondern half den Broten im Ofen, dem Baum, der schwer an seinen Äpfeln trug. Das Mädchen in ‚Die sechs Schwäne' oder ‚Die wilden Schwäne' dachte nicht an sich, sondern an seine Brüder, die es durch ein langes Schweigen und Arbeiten wieder erlösen konnte.
Die Unschuld bestand in dem absolut fehlenden Egoismus und in der unendlich selbstverständlich fließenden Liebe...

In der wirklichen Liebe aber kehrte die Unschuld zurück. Wenn der Mann innerlich schweigend an der Verwandlung seines Wesens arbeitete, würde auch er wieder dahin kommen, die unendlich selbstverständlich fließende Liebe in sich zu gebären – nicht nur dem jungen Mädchen gegenüber, sondern wie das junge Mädchen der ganzen Welt gegenüber...

Das war die Sehnsucht des Mannes, das war das Geschenk des jungen Mädchens: seine Sehnsucht so unendlich stark werden zu lassen, dass er *in sich selbst* anfing, daran zu arbeiten, dasjenige zu einer Wirklichkeit werden zu lassen, was er an dem jungen Mädchen so liebte.

Die Unschuld des jungen Mädchens war *gut* – weil ein solches Mädchen *das Gute* in seinem Herzen trug. Dieses aber war eigentlich die reine Liebe. Alles, was ein unschuldiges junges Mädchen dann tat, war gut und war Liebe, weil es unbewusst ganz Liebe war. Sein ganzes Wesen war noch gut, richtete sich in Liebe und gutem Willen auf die Welt – und dachte noch nicht an sich selbst.
In diesem Sinne waren die Unschuld und das Gute, die Liebe, ein und dasselbe. Im dem jungen Mädchen war das Gute noch ganz unbewusst, selbstverständlich, noch ganz mit seinem Wesen verbunden, das ebenfalls noch unbewusst, noch nicht voll zu sich selbst aufgewacht war.

Dies war ein Urbild. Die meisten jungen, erwachsenen Mädchen waren schon sehr zu sich selbst erwacht; in ihnen lebte vielleicht ein guter Wille, einerseits, aber zugleich auch ein sehr selbstständiger und selbstbewusster, auch auf sich selbst gerichteter Wille, wie bei anderen, älteren erwachsenen Menschen auch. Die Unschuld ging schon in der frühen Kindheit nach und nach immer mehr verloren, was sich im Erwachsenenalter noch fortsetzte. Der Bezug auf sich selbst begann schon sehr früh und nahm dann unweigerlich zu.
Ein Einschlag der Selbstlosigkeit und der Liebe konnte dann in der Jugend geschehen, wo die Liebe die jungen Herzen ergriff, aber nicht nur die Liebe zu einem Menschen des anderen Geschlechts, sondern viel umfassender auch die Liebe zur Welt, das Aufleuchten tiefer Ideale...
Doch ein Urbild, eigentlich fast nur noch der Märchen, war es, wenn ein junges Mädchen am Ende der Jugend, am Übergang zum Erwachsenenalter, wie es heute definiert war, eigentlich also schon ‚erwachsen', dennoch die Unschuld ganz bewahrt hatte, also nicht nur die Liebe in sich trug, sondern diese in ganzer Tiefe in sich trug, weil es von sich selbst noch nichts wusste, nichts wissen wollte, nicht an sich selbst dach-

te... Die Unschuld lag in dem noch völligen Träumen für das eigene Wesen und in der Abwesenheit jeder Selbstbezogenheit.

Und dennoch war das *Gute* im Herzen eines solchen Mädchens noch etwas Eigenes. Es war eine eigene Kraft, die im Herzen eines solchen Mädchens lebte und in seine Handlungen überging.
Man konnte sich vorstellen, dass ein Mädchen zwar noch sehr unschuldig war, noch ganz träumend, in keiner Weise aufgewacht zu sich selbst – und dennoch wenig Antrieb hatte, das Gute zu tun. Dann konnte es den schwer an seinen Äpfeln tragenden Baum sehen – und trotzdem nicht sehen, worum der Baum eigentlich bat. Oder es konnte selbst dann nicht zur Aktivität kommen, weil jenes entscheidende Maß des guten Willens fehlte. Vielleicht war es nicht einmal faul – was schon wiederum ein starker Selbstbezug gewesen wäre –, aber es hatte einfach nicht diese innige Kraft, die zu den Dingen hinstrebte, wann immer sie Hilfe brauchten...
Man brauchte nicht eigentlich faul zu sein, und doch konnte es einem an der Liebe mangeln...
So umfasste das Urbild des unschuldigen jungen Mädchens also eigentlich auch seine ganze Güte. Nur dann erschütterte es so tief – wenn die Unschuld wirklich auch von tiefer Liebe war, Liebe zu allem...

Die Liebe erst war es, die sich in voller Hingabe der Welt zuwandte. Die Unschuld wandte sich nicht dem Eigenwesen zu und damit nicht von der Welt ab, aber damit es wirkliche Zuwendung wurde, liebende Zuwendung, musste die Unschuld von Liebe durchdrungen sein.
Die Liebe erst machte das Wunder der Unschuld vollkommen. Im Herzen des unschuldigen Mädchens musste wirklich auch *das Gute* leben – und dies war trotz der Unschuld nicht selbstverständlich...

Diese Liebe, dieses Gute im Herzen eines solchen Mädchens war dann zugleich der reine Ausdruck seines Wesens. Dies war kein bloßes Gefühl, dies war innerster Wille... Wenn man sich davon berührt fühlte, war dies nicht nur eine schöne, urbildliche Eigenschaft, es war eine Wesensberührung. Es war das Wesen dieses Mädchens, das einen dann berührte.
Und doch war es darüber hinaus auch noch Urbild. Die Individualität war nicht Mädchen, nicht Frau, nicht Mann, und doch offenbarte sich der gute Wille hier, im jungen Mädchen, in einer Gestalt, die auch äußerlich Urbild liebender Unschuld, unschuldiger Liebe war.

*

Aber was war dieses Mysterium? Was war das Gute? Woher kam es?
Wie war es möglich, dass im Herzen das Gute lebte – so lebte, dass es ausströmte in Taten der Liebe... Was war dieses Wunder?

Wenn man sich erinnerte an jenen Moment der tiefsten Liebe zu jenem einen anderen Menschen, den man so unendlich geliebt hatte... Das ganze Herz strömte ihm oder ihr zu – diesem einen Menschen, der für einen selbst ein Wunder war, ein einzigartiges Wesen, das einen bis ins Innerste erschütterte, durch alles, durch sein bloßes Dasein.
Da liebte man bedingungslos – diesen einen Menschen, und man konnte sich gegen diese Liebe gleichsam überhaupt nicht wehren, sie stieg von selbst in einem auf und eilte jenem Anderen entgegen. Und von dieser unendlichen Liebe strahlte dann ein Zauber auch auf alles Übrige.
In unserem Herzen lebte die tiefe Liebe zu *einem* Menschen.

War nicht schon dies ein wirkliches Wunder? Ja, es war ein Wunder – aber schon der geliebte Mensch war ja das allergrößte Wunder! So empfand man es... Und doch stieg dann im eigenen Herzen dieses andere Wunder auf, die tiefe Liebe. Es war eine Empfindung, ja innere Bewegung, die alles in einem dem geliebten anderen Wesen zuwandte. Das eigene Wesen war und blieb nicht mehr bei sich selbst – es strömte zu dem Wesen des Anderen hin, wollte zu ihm, war bei ihm... Dies war ein Wunder.

Was war dann das Mysterium des Guten im Herzen, des guten Willens?
In der überwältigenden Liebe, die uns selbst ganz von uns losriss, um uns ganz mit der Sehnsucht nach jenem einen anderen Menschen zu erfüllen, für den wir alles tun wollten, waren die Liebe und der gute Wille für diesen Einen erwacht. Dieses Erleben konnte man noch einmal sehr real wiederzufinden versuchen... Und wenn man es wiedergefunden hatte, konnte man von da aus versuchen, sich vorzustellen oder wirklich zu erleben, wie es sein müsste, wenn sich *diese* Liebe nun auf alles Übrige ausdehnen würde...
Damals, als man wirklich in diesem Zustand der tiefen, unendlichen, reinen Liebe zu dem anderen Wesen war, da hatte dies wie in einem Zauber tatsächlich begonnen. Die Liebe, die wir empfanden, war wirklich so groß, so übergroß, dass sie auf alles Andere überging – sie war groß genug für alles, sie konnte nicht beschränkt bleiben; alles schloss sie mit ein, auf alles ging ihr Zauber, ihr sanftes Licht über...
Dies geschah, weil wir fortwährend an das geliebte Wesen dachten. So taten wir auch alles Andere mit Liebe, betrachteten auch alles Andere mit Liebe – mit der Liebe zu ihm, dem geliebten anderen Wesen, und doch war es unmöglich, hier noch zu trennen, denn die Liebe zu ihm wurde zugleich zu einer Liebe zu den Dingen. Man sagte, man könne ‚die ganze Welt umarmen', und so war es doch wirklich...

Damals trugen auch wir tief das Gute im Herzen.

Wenn man sich lebendig daran erinnerte, wenn man in seiner Seele lebendig wieder zu diesen Erinnerungen hinabstieg, zurückkehrte, oder sie hinaufholte, von neuem gegenwärtig machte, dann bekam man ein Empfinden von dem, was der gute Wille war.
Nun konnte man sich vorstellen, dass der gute Wille eine ganz *freie Kraft* wurde, etwas, was nicht mehr durch einen anderen Menschen entzündet wurde und sich vor allem auf ihn richtete, sondern... Nicht mehr der eine Mensch war es dann, den man über alles liebte und für den man alles tun wollte, wovon dann Liebe auch auf alles Andere überging, gleichsam auch für alles Andere ‚abfiel', sondern...

Der gute Wille als freie Kraft hatte keine Grenzen, keine Schranken, er war einfach gut *an sich* – wäre er es nicht, so wäre er nicht der gute Wille. Dies war die reine Liebe – die nicht entzündet wurde, sondern die sich *selbst* entzündete. Diese Liebe kannte und setzte keine Grenzen, sie liebte, weil sie liebte – und hätte sie Grenzen gesetzt, hätte sie dadurch sich selbst begrenzt. Indem sie grenzenlos wurde, ohne Urteil, ohne Abschwächung, ohne Sortierung, wurde sie erst, was sie wirklich war: reine Liebe, reiner guter Wille.
Empfand man dazu eine Sehnsucht? Ganz gewiss würde man sie empfinden, wenn man sich an den Moment seiner tiefsten Liebe erinnerte – und wenn man sich erinnerte, wie jedes Bild tiefer Liebe, tiefer Herzensgüte einen innerlich berührte. Das, was die Sehnsucht danach einschränkte, war nur das, was man tief innerlichst überwinden lernen wollte...
Aber wie konnte man dieses wunderbare Mysterium in sich wachsen lassen?

Der Weg zu einem Wachsenlassen und Hüten des guten Willens, der Liebe im eigenen Herzen, war gleichsam ein Weg, der das eigene Herz zurückführte zu dem, was das Herz des unschuldigen Mädchens war, das diesen guten Willen in ganzer Tiefe in sich trug. Nur würde man diesen Weg bewusst gehen müssen und würde das Bewusstsein auch am Ziel seines Weges nicht verloren haben. Es würde eine *bewusste* Unschuld und Güte sein. Kein Mädchen würde man sein, aber unschuldige Güte, den wirklichen guten Willen würde man wieder erreicht haben...

*

Wenn man dies wirklich wollte – wenn man aus der Erinnerung an jene Liebe, die man einmal empfunden hatte, oder aus Treue zu einem innigst geliebten Wesen, oder aus einer anderen, innersten Sehnsucht heraus ein anderer Mensch werden wollte – ein Mensch, der loskam von seinem Selbstbezug, der wirklich eine Liebe in seinem Herzen wachsen lassen wollte, einen reinen guten Willen –, so musste man sich als erstes klarmachen, dass man eine ungeheure Reise beginnen würde.
Der Weg, nach dessen Ziel die eigene Sehnsucht ging, war einer, der sich im Inneren vollziehen würde. Aber er war äußeren Wegen vergleichbar, die einen über abenteuerliche Abgründe führten, durch tiefe Schluchten, durch Wüsten, durch Sümpfe, über wogende Meere... Es war ein Weg, für den wiederum ungezählte Märchen Urbilder gaben. Der Weg, ein anderer Mensch zu werden, war kein einfacher und kein schneller – es war ein Lebensweg, es war bei jedem Schritt ein existentielles Geschehen.
Dieser Weg war nicht immer gefährlich, aber er war oft unwegsam, Hindernisse taten sich auf, die immer mit einem selbst zu tun hatten, die einen umherirren ließen, auch zurückwarfen. Man würde vor einem Kampf gegen sich selbst stehen... Und man würde nach und nach erleben, dass hinter diesem Kampf noch andere Wesenheiten standen oder vielleicht stehen mochten, die einen von dem, was man immer stärker wollte, immer stärker abzubringen versuchten...

Aber der erste Schritt war doch, sich über seine eigene Sehnsucht, sein eigenes Vorhaben und sein eigenes Streben innerste Rechenschaft abzulegen. Man würde diese abenteuerliche, alle Kräfte in Anspruch nehmende innere Reise nur bestehen können, wenn man sich von Anfang an über seine eigene Sehnsucht zutiefst klar war. Man würde einfach nach kurzer Zeit steckenbleiben und nicht mehr den notwendigen Willen entfalten, wenn der Wille schon am Anfang eigentlich nicht wirklich ein realer gewesen war.
Der erste Schritt war also, die Sehnsucht nach dem, was man erreichen wollte, so stark zu machen, dass man es tatsächlich mit seinem ganzen Wesen erreichen wollte. Man musste lernen, wirklich zu *wollen*.
Und schon hier lernte man die verschiedenen Anteile des eigenen Wesens sehr genau kennen. Man entdeckte eigentlich erst jetzt, wie wenig oder wie schwach man nur ‚wollen' konnte. Man entdeckte, was eigentlich der Wille war – und man entdeckte, dass man ihn zunächst gar nicht hatte ... fast nicht hatte. Es war zwar schön, sich vorzustellen, was man erreichen wollte; es war schön, sich bereits das Erreichthaben vorzustellen, die Wirklichkeit des Zieles – aber es war sehr schwer, auch nur den ersten Schritt dorthin wirklich zu *tun*, der einen von seinem gegenwärtigen So-Sein entfernen sollte und würde...

Wenn aber der Entschluss, sein Wesen zu verwandeln, wirklich da war, wenn man den realen *Willen* fühlte, dies zu tun; wenn eine Begeisterung dafür erwacht war, Anstrengungen zu erbringen, Opfer zu bringen, wie bei einem harten Training oder sogar Kampf in der äußeren Welt, dann konnte man mit Entschlossenheit und Zuversicht den Weg betreten. Der wirkliche Entschluss *war* der erste Schritt, mit dem man den Weg der inneren Entwicklung betrat...
Man sollte die Bedeutung dieses Momentes nicht übersehen. Es lag in diesem ersten Schritt bereits eine bedeutsame

Kraft. Man konnte natürlich mit Schritten und Übungen beginnen, ohne einen rechten Entschluss gefasst zu haben; einfach aus der noch unbestimmten Sehnsucht heraus und um es einmal auszuprobieren. Möglich war dies auch. Doch entweder würde man nach kurzer Zeit nicht mehr weitermachen, oder es würde dann jener erste Entschluss notwendig.
In jedem Fall brauchte es diesen einen, entscheidenden Moment eines möglichst klaren, bewussten, kräftigen Entschlusses. In diesem einen Moment lag die volle Freiheit. Und je mehr dieser Moment den ganzen Charakter eines feierlichen, ja heiligen Entschlusses, gewissermaßen eines Gelöbnisses bekam, desto mehr lag in diesem einen Moment eine reale Kraft, die gar nicht überschätzt werden konnte.
Auch dies war dann ein Moment, in dem höhere Wesenheiten, die aber nun *diese* Entwicklung hüteten und unterstützten, wirksam werden konnten. Man brauchte davon am Anfang noch nicht das Geringste zu merken oder zu wissen – man würde es mit der Zeit immer mehr ahnen und empfinden können.
In jedem Fall war der wirkliche Entschluss eines Menschen eine allerstärkste Kraft. Wenn es ein *wirklicher* Entschluss war, so lag darin die Willenskraft des eigenen Wesens – und diese würde sich durch alle Hindernisse hindurch aufrechterhalten können, würde an keinem Hindernis haltmachen, würde immer weiter streben. Das war das Mysterium eines wirklichen Entschlusses, solange er wirksam war und nicht wieder aufgegeben wurde...

Ein nächster Schritt konnte dann in verschiedenen Gestalten gemacht werden. Im Grunde war die Herausforderung immer, dass der Schritt zum wirklichen guten Willen und zur wirklichen Unschuld des Herzens nur *ein* einziger war – dass es aber dennoch fast unmöglich scheinen konnte oder war, ihn als diesen einen Schritt zu tun, und dass man viele Schritte

brauchte, um den einen Schritt tun zu können, der dann im Grunde die gewachsene Frucht dieser vielen Schritte war.
Der eine Schritt war der gute Wille, die Güte des Herzens, die Liebe... Alle Schritte, die man tat, dienten dazu, die Hindernisse für diesen einen Schritt zu beseitigen und zu verwandeln und dasjenige, was dieser eine Schritt war, zu einer Realität zu machen. Alles, was man tun konnte, diente dazu, das eigene Selbst von der zu starken Verklebung mit sich selbst zu lösen und die Liebe in ihm zu erwecken...
Indem man eine Sehnsucht danach empfand, lebte in einem schon ein Wille, der dies alles wollte und dies alles selbst war, der sich aber noch nicht in seiner wahren Gestalt offenbaren konnte, weil er noch gehemmt wurde. Diesem gleichsam heiligen Willen stand ein anderer Wille gegenüber, der jenen heiligen Willen zur bloßen Sehnsucht herabdämpfte und den übrigen, gewöhnlichen Alltagswillen bildete: jenen Willen, der sich selbst in den Mittelpunkt setzte und *nichts* ändern wollte.

Wenn man wollte, konnte man diesen Widerspruch in dem eigenen Wesen einmal tief empfinden. Man konnte zu diesem Erleben innere Bilder bekommen.
Ein solches mögliches Bild war, dass auch der eigene, innerste Wille, der diese ganze Entwicklung angestoßen hatte und dann in einem bestimmten Moment die Gestalt eines kräftigen Entschlusses angenommen hatte, jener heilige Wille, der wirklich die Verwandlung anstrebte, das Wahrwerden der Herzensgüte, des tiefen guten Willens – dass auch dieser Wille in der Gestalt des jungen unschuldigen Mädchens erschien, während der andere Wille, der so weitgehend unser Alltagswesen zu bestimmen und zu sein schien, in der Gestalt eines hämischen Unterdrückers erschien.
Dieser dunkle, hässliche Mann hielt das unschuldige Mädchen mit seinem reinen Herzen in einem Verlies gefangen. Nie sollte es an die Oberwelt gelangen. Nie sollte sein reines

Herz und sein ganzes reines Wesen offenbar werden. Niemand sollte seine reine Schönheit je zu Gesicht bekommen, nie sollte es in der Welt sein und mit all seiner Güte handeln. Es musste um jeden Preis gefangen bleiben – verhöhnt und gequält. Absolut sicher war sich sein hässlicher Unterdrücker, dass es nie frei kommen würde, und selbstgewiss lehnte er sich zurück, lachend, spottend...

Solche Bilder waren nicht bloße Phantasien, es waren wiederum Urbilder, Wahrbilder, Imaginationen; und weil sie in ihrer Bildhaftigkeit, ihrem inneren Sinn real waren, konnten sie das Erleben vertiefen, was der gute Wille in Wahrheit *war* – und welche Kräfte ihm entgegenstanden. Das Erleben der Realität wurde immer größer. Der gute Wille war in Wahrheit etwas, er war in Wahrheit etwas sehr Reales – und die Kräfte, die ihn banden, ihn verhinderten, ihm entgegenwirkten und ihn immer wieder auslöschen wollten, waren ebenso etwas sehr, sehr Reales.
So konnte man dahin kommen, dass man nicht nur erlebte, dass man in gewissem Maße das Gute wollen lernen wollte und andererseits eben auch nicht, so dass das Wollen und Streben eben ein beschränktes blieb – sondern man lernte immer klarer erkennen, dass sowohl das Eine wie auch das Andere starke, gewissermaßen absolute Kräfte waren. Kräfte, die einander gegenüberstanden.
Der gute Wille *war* nicht beschränkt. Wenn er es wäre, wäre er nicht der gute Wille. Es gab nicht ‚ein wenig' guten Willen. Die Realität war eine andere: Es gab den wirklichen, unbeschränkten, tiefen guten Willen – und es gab eine sehr, sehr große Kraft, die diesen Willen unterdrückte...
Das Ergebnis dieses Kampfes war der gewöhnliche Alltagswille, durch den nur die Sehnsucht nach diesem wahrhaften, absolut guten Willen hindurchschimmerte und in dem dieser gute Wille immer nur in einer Mischform anwesend war, abgeschattet durch sehr viel Eigenwillen... Das war dann der

‚gute Wille', den man im Alltag bisweilen oder vielleicht auch immer kannte, aber es war nicht der wahre gute Wille, es war immer schon das Gemisch aus dem wahren guten Willen und dem selbstbezogenen Willen. Auch dieser war nie in Reinform anwesend, diese wäre ein unvorstellbarer, furchtbarster Egoismus...

Es mochte vielleicht seltsam erscheinen, sich dies so aufzutrennen und in einem Kampf gegenübergestellt zu sehen, wo man doch scheinbar immer nur das Ergebnis, die Resultante, erlebte – also den mehr oder weniger guten Willen, der gleichzeitig der mehr oder weniger starke Selbstbezug war, weder vollkommen gut, noch vollkommen böse oder egoistisch.
Und doch *wusste* man doch, dass es ein Gemisch war, nicht einfach nur ein Zustand, der eben so und nicht anders war. Man wusste doch, dass man in jedem Moment in sein Denken, Fühlen, Wollen und Handeln *mehr* jene Kraft des Guten hineinlegen könnte, wenn man nur wollte, und dass man in jedem Moment auch egoistischer und selbstbezogener sein konnte, wenn man wollte. Man wusste doch, dass das, was man tat, in jedem Moment ein Gemisch war... Man kannte doch sehr genau das, was eigentlich der Egoismus war, gewissermaßen auch in Reinform, und was eigentlich das Mysterium des *Guten* war, auch wenn man es in sich selbst nie auch nur annähernd rein verwirklichte. Der Moment tiefster Liebe, den man kannte, war ein Ausblick auf dieses Mysterium...
Und so konnten einem Bilder wie das des unschuldigen, gefangen gehaltenen Mädchens eine Hilfe sein, noch tiefer zu erleben, dass in voller Realität in einem selbst eine Kraft gebunden lag, die frei werden wollte – eine Kraft, die zutiefst zum eigenen Wesen gehörte, die als Teil des eigenen wahren Wesens zur Offenbarung kommen wollte; die aber gebunden

war durch einen anderen Teil, der mit dem zu tun hatte, wie man jetzt im Moment noch war.

*

Ein nächster Schritt war die Ehrfurcht.
Staunen, Ehrfurcht, Dankbarkeit ... das alles waren Stimmungen der Seele, die den Menschen von sich selbst wegführten, hin zu etwas anderem. Auf diese Weise lernte die Seele diese Bewegung – sie lernte, sie zu machen, und sie lernte, sie immer mehr zu lieben.
Der gute Wille, die umfassende Liebe, war als Schritt zu groß. Die Seele wusste zunächst überhaupt nicht, wie sie das tun sollte, auch das Hindernis war zu groß; ein großer Teil von ihr wollte das überhaupt nicht. Jene anderen Stimmungen aber waren scheinbar kein so großer Schritt, und doch waren sie unmittelbare Wegbereiter der Liebe, denn schon in ihnen lebte die Liebe, verborgen, aber keimkräftig...
Für viele Menschen war auch das Üben der Stimmung der Ehrfurcht schon ein großer Schritt. Und dennoch war dieses Üben etwas viel Einfacheres, als sofort etwas zu verwirklichen, was man noch gar nicht konnte. Ehrfurcht *konnte* man üben. Und hier konnte sogar jener Teil des Selbst leise mitmachen, der sich sonst so wehrte. Denn die Sehnsucht nach Verwandlung war nun einmal auch eine Realität – und diese Übung schien zu nichts zu verpflichten...
Das waren die spirituellen Realitäten, die dahinterstanden. Die Ehrfurcht war bereits ein sehr großer Schritt, aber ihre *Übung* schien ein kleiner Schritt zu sein, erreichbar, machbar, ohne negative Folgen. Auch der Unterdrücker der Unschuld ließ sich ein Stück weit darauf ein...

Was war Ehrfurcht? Sie war, in dem Sinne, dass sie eine Dienerin auf dem Weg zum wahrhaft guten Willen war, zunächst einmal vieles *nicht*. Sie war keine Untertänigkeit, sie war

kein blinder Gehorsam, sie war all das nicht, was diejenigen, die durch so viele Jahrhunderte hindurch Ehrfurcht *gefordert* hatten, darunter verstanden wissen wollten. Das alles musste man völlig vergessen können. Die Seele musste vor dem Gefühl der Ehrfurcht völlig rein stehen können. Wenn sie es dann schließlich in sich aufrief oder in sich aufsteigen zu lassen versuchte, musste es in völliger Reinheit strömen...
Ehrfurcht ... das war zum Beispiel jenes innere Empfinden, das plötzlich da sein konnte, wenn man an einem frühen Morgen auf einem noch taubenetzten Weg am Waldrand ein Stück vor sich unvermittelt ein Reh erblickte. Ehrfurcht war nicht an sich schon ein Gefühl, das sich unterordnete und so auf ein Höheres blickte – sondern es war eine Empfindung, die ähnlich der Verwunderung frei zu etwas hinströmte. Man konnte diese Empfindung ebensowenig erzwingen wie die Liebe. Ehrfurcht musste *empfunden* werden – dann war sie da...
Bei der Begegnung mit dem Reh hatte diese Empfindung mit dem ganzen Zauber des frühen Morgens zu tun, dann aber vor allem mit der Liebe zu einem solchen Geschöpf, mit dem Berührtsein von dem Moment – dies alles kam zusammen, wenn in der Seele diese Empfindung aufstieg, unvermittelt und dennoch sanft: Ehrfurcht... Darin lag eine liebende, zarte Verehrung der ganzen Schönheit dieses scheuen Tieres, verbunden mit einer großen Dankbarkeit, dass man diesen Moment erleben durfte; dass sich das Tier einem überhaupt gezeigt hatte. Die ‚Furcht' in der Ehrfurcht war auch, dass man dieses wunderbare Geschöpf durch die eigene Anwesenheit nicht allzu schnell verjagen möge; es war eine Scheu, auch nur noch einen Fuß vorzusetzen...

Diese wunderbare Stimmung der Ehrfurcht konnte eine sehr verschiedene Färbung annehmen. Und doch konnte man sich in ihr *allem* zuwenden, allem diese Stimmung entgegenbringen. Wenn man vor einem Kristall stand, konnte man sich be-

rühren lassen von der Schönheit der Formen, der Farbe, der Kräfte, die ihn gestaltet haben mussten. Man konnte staunen, tief staunen, aber man konnte auch davor stehen und eine *Ehrfurcht* empfinden. Diese ging dann noch tiefer...
Hinter der Ehrfurcht stand immer auch das Geheimnis, das Mysterium. Dies waren feine und doch tiefe Nuancen. Man konnte sich verwundern – überall gab es Wunder, wenn die Seele rein genug wurde, wieder eine wirkliche Verwunderung empfinden zu können. Doch wenn das Wunder sich zu einem Mysterium steigerte und man von *diesem* berührt wurde, dann vertiefte sich die Verwunderung zur Ehrfurcht.
Auch überall sonst in der Natur, im Pflanzenreich, im Tierreich, überall konnte man, vielleicht auch hier über die Verwunderung, eine wirkliche Ehrfurcht empfinden lernen – Ehrfurcht vor der verschiedenartigen Schönheit alles Einzelnen, vor der Sinnhaftigkeit und Weisheit, vor dem Zusammenklingen des Einen mit dem Anderen, vor dem Wunder des Lebendigen und vor dem Wunder seines Ursprunges...

Und auch auf das Reich des Menschen konnte man seine Ehrfurcht richten. Man konnte – wenn man dies übte – in wirklicher Ehrfurcht auf die großen Leistungen des Menschen und des menschlichen Geistes schauen: große Bauwerke, große Erfindungen, große Erreichnisse. Aber dann vor allem auch der Mensch selbst ... der Mitmensch.
Wie konnte man gegenüber dem Mitmenschen die Ehrfurcht üben? Es gab zwei Möglichkeiten. Entweder man bildete vorher Gedanken, die wiederum die Ehrfurcht zu erwecken vermochten – oder man rief die Empfindung der Ehrfurcht einfach hervor und schaute dann, was sich ergab... Je länger man die Ehrfurcht übte, desto mehr wurde deutlich, dass man Stimmungen dieser Art in der Seele auch aufsteigen lassen konnte, ohne dass sie sich auf etwas Bestimmtes beziehen mussten. Man konnte sie in der Seele einfach *an sich* hervorrufen und dann in ihnen ruhen...

So war es möglich, die Empfindung der Ehrfurcht in sich zu erwecken und dann an den Mitmenschen zu denken oder ihm auch real gegenüberzutreten. Man würde dann ganz andere Dinge bemerken und denken als ohne diese Stimmung. Man würde entdecken, was alles diese Ehrfurcht ‚verdiente'. Die Ehrfurcht selbst machte einen sehend...
Wenn man dies aber noch nicht konnte, konnte man zuerst Gedanken bilden und an ihnen dann die Ehrfurcht erwachen lassen. In Wirklichkeit aber war selbst an der Bildung solcher Gedanken die Ehrfurcht immer schon leise beteiligt. Der Unterschied lag nur darin, was jeweils im Vordergrund stand.

Man konnte mit der Empfindung der Ehrfurcht dem wahren Wesen eines Menschen gegenüberstehen, sich ihm nähern, es scheu zu erfassen versuchen. Dieses Wesen eines Menschen war immer viel größer als das, was sich zunächst offenbarte. Man sah das Äußere, den Leib, man sah dahindurch die Offenbarungen des Wesens – wie es sich im Moment offenbaren konnte –, aber das wirkliche Wesen eines Menschen war ein Mysterium. Ehrfurcht war hier die vollkommen rechte Stimmung. Erst durch Ehrfurcht empfand man, was das Wesen eines anderen Menschen wirklich war, wie heilig dieses eigentlich war...
So führte die Stimmung der Ehrfurcht dazu, überhaupt erst zu empfinden, vor was man eigentlich in Wahrheit stand. Die gewöhnlichen Seelenstimmungen verdeckten unendlich große Teile der Wirklichkeit. Sie verdeckten fortwährend das Mysterium ... das eigentlich in allem gefunden werden konnte. Das Mysterium des Menschen war ein unerschöpfliches, gerade hier konnte man die Ehrfurcht immer weiter vertiefen – Ehrfurcht vor dem, was ein *Mensch* eigentlich war...

Und dann der einzelne Mensch. Wenn man sich in das einzelne Schicksal vertiefte, dann konnte man auch davor nur in Ehrfurcht stehen. Jeder einzelne Mensch hatte im Leben so viel durchzustehen, erfuhr so viel Leid, so viele Schwierigkeiten, Rückschläge, Verletzungen; in jedem einzelnen Menschen lebten so viele unerfüllte Hoffnungen... Allein schon dies zu bedenken, zu besinnen und innerlich zu betrachten, konnte einen mit Ehrfurcht erfüllen. Da war eine Individualität, die ein Leben hatte, und in diesem Leben rang sie – um das Glück, um die Wahrheit, um eine Entwicklung, um die Liebe, um so vieles...

Die Individualität war im Leib verkörpert, und dieser Leib nahm ihr zunächst das Bewusstsein ihrer selbst – gab ihr zunächst nur das gewöhnliche seelische Erleben, das dann da war. Und doch gab es diese Individualität, das eigentliche Wesen, das sich inkarnieren wollte, und das dies doch nur in einer Unvollkommenheit vermochte. Alles Übrige war Ringen, war Entwicklung, ein Ringen, um zu sich selbst zu kommen, ein Ringen hin zu dem, der man selbst in voller Wahrheit war – und oft scheinbar auch ein Ringen, in dem man scheiterte, in dem der Mensch von seinem eigenen Wesen weiter *fort* geführt wurde, in dem man unterging in den irdischen Wirkungen und Einflüssen, die das Wesen eines Menschen herabzogen und hemmten, die die Hindernisse immer weiter vergrößerten...

Wenn man dies alles zu empfinden begann, konnte man nur tiefe Ehrfurcht empfinden. Und mit derselben Ehrfurcht konnte man dann auch auf das konkrete Leben eines konkreten Menschen blicken ... und in ihm immer mehr den ringenden, leidenden, oft auch scheiternden Menschenbruder oder die Menschenschwester empfinden.

Und so stand man vor diesem konkreten Menschen, und dieser konkrete Mensch hatte ein Wesen, ein einzigartiges, das sich teilweise offenbarte und teilweise nicht – und selbst das, was sich nicht offenbarte, konnte man teilweise ahnen, empfinden. Es war ein umfassender Eindruck, dieses Wesen eines

Menschen – und man nahm es um so umfassender wahr, je mehr man sich ihm mit Ehrfurcht nähern konnte.

Die ‚Furcht' musste hier wie bei der Begegnung mit dem Reh in der Furcht bestehen, es zu vertreiben oder ihm auch nur nicht heilig, rein genug zu begegnen – diesem Wesen, dem man sich da näherte. Und man vertrieb es und näherte sich ihm viel zu unrein, wenn man eigene Urteile bildete. Mit jedem eigenen Urteil zog sich das Wesen des Anderen zurück, und man hatte nur noch seine eigenen Gedanken. Die Ehrfurcht aber konnte einen nach und nach lehren, innerlich zu schweigen, wenn man dem Wesen des Anderen gegenübertrat. Inneres Schweigen, das gleichsam scheu, wie auf Zehenspitzen, wartete, dass sich das wirkliche Wesen des anderen Menschen zeigte...

Nicht um einen äußeren Vorgang ging es hier, sondern um eine innere Wahrnehmung – um das innere Erkennen, Empfinden, Erleben eines Menschen, um die allmähliche Annäherung an sein Wesen, das ja da war, das sich ja offenbarte, aber das man immer mehr sehen und erleben lernen musste, weil man es gleichsam durch die äußere Erscheinung hindurch-erleben musste. Die eigene Seele und das eigene Wesen mussten sich für die Seele und das Wesen des Anderen öffnen, und sie taten es, indem sie selbst vollkommen schwiegen und zur Ehrfurcht wurden, die die Offenbarung des anderen Wesens erwartete... Die Ehrfurcht war ein inneres *Wahrnehmungsorgan*.

Dann gab es noch eine Ehrfurcht vor einer höheren Welt. Diese Ehrfurcht konnte man nur empfinden, wenn man eine solche höhere Welt ahnte und sich wirkliche Begriffe von einer solchen bilden konnte. Und dies würde man können, wenn man nur weit genug dachte und eine solche unendliche Hilfe fand, wie sie ein Mensch wie Rudolf Steiner geben konnte. Auch gegenüber einem solchen Menschen und dem, was er an Erkenntnissen, Wegweisungen und Wegebnungen

allen Menschen gegeben und hinterlassen hatte, konnte man die größte Ehrfurcht empfinden.
Die Ahnung einer höheren Welt konnte in dem Maße wachsen, wie man durch Begriffe von einer solchen Welt ein Verständnis bekam – und wie man den guten Willen besaß, solche Begriffe aufzunehmen und wirklich zu denken.
Begriffe von einer solchen höheren Welt verwandelten dann wiederum das ganze Welt- und Menschenbild, das man bis dahin gehabt hatte, verwandelten das große Empfinden des Sinns und der Zusammenhänge von allem. Damit waren gerade die Begriffe, die man von einer höheren Welt bilden konnte, von größter Bedeutung für den Weg, den man anstrebte: das Finden der Liebe.

*

Aber wie konnte man überhaupt höhere Erkenntnisse gewinnen? Wie konnte man beurteilen, ob bestimmte Begriffe wahr waren oder nicht?

Wenn man eine Sehnsucht danach hatte, in den Tiefen seines Wesens die Liebe zum Guten zu stärken und wirklich die Kraft der Liebe im eigenen Inneren wachsen zu lassen, dann brauchte man die zunehmende Fähigkeit, seine Seelenregungen in die Hand zu nehmen.
Eine umfassende Übung bestand darin, immer wieder das innere Schweigen zu üben – so wie das Mädchen in den Schwanen-Märchen. Eine Frucht dieser Übung bestand darin, dass man das Gefühl beherrschen lernte. Man übte und lernte, nicht wütend zu werden, wenn etwas geschah, was einen bisher wütend gemacht hatte. Man übte und lernte das Gleiche da, wo man bisher ungeduldig geworden war. Man lernte, innerlich zu schweigen, mit stiller Seele, wo man bisher neugierig geworden war. So befreite man die Seele nach und

nach von allem, was ihr von außen aufgedrängt wurde und was sie unfrei und zugleich selbstbezogen gemacht hatte.
Aber das Schweigenlernen konnte sich ebenso auf das beziehen, was sich *innerlich* aufdrängte. Neben den Gefühlen, die auf äußere Geschehnisse reagierten, waren dies die Gedanken und Urteile, die man fällte, zumeist gegenüber allem und jedem. Indem die Seele auch hier lernte, so oft wie möglich zu schweigen, lernte sie, die Wahrheit sich offenbaren zu lassen. Das eigene Urteil betraf zunächst nur die eigene Meinung und den eigenen Standpunkt. Wie oft hatte man im Leben schon erlebt, dass man diese verändern musste – und doch meinte man immer wieder, die eigenen Urteile und Standpunkte seien die richtigen.
Indem man aber lernte, das eigene Urteil immer öfter schweigen zu lassen, weitete sich der Blick in einem ungeahnten Maße. Eine Frucht dieses Schweigens war ein immer tieferes Verständnis für den Standpunkt des anderen Menschen, das allein schon darin bestand, dass man diesen Standpunkt *zulassen* konnte, dass man ihn nicht sofort bekämpfte oder ihm Einwände und Gegenstandpunkte entgegenhielt. Dieses Zulassen öffnete wirklich den warmen Blick für den Mitmenschen, man sah ihn nun ganz anders und viel umfassender.
Eine andere Frucht des Schweigenlassens eigener Urteile war, dass man immer empfindsamer für die Wahrheit selbst wurde. Es war auch wiederum ein falsches Urteil, dass im Schweigenlassen der Urteile das Unterscheidungsvermögen ganz verloren gehen würde. Es wuchs vielmehr. Man konnte es mit dem Fasten vergleichen, das die Sinne schärfer werden ließ. Das Schweigenlassen eigener Urteile bedeutete nicht, dass man nichts mehr beurteilen konnte – es bedeutete nur, dass man die Wahrheit langsam *sich selbst* offenbaren lassen konnte, ohne dass das eigene Urteil sie, vermeintlich, schon vorwegnahm.
Auch wenn man äußerlich schwieg, hörte man ja dennoch sehr gut. Das Schweigen führte sogar dazu, dass man noch

viel besser hörte... So war auch das innere Urteilen überhaupt kein Garant für die Wahrheit, sondern zunächst nur für die eigene Meinung hinsichtlich der Wahrheit. Indem man aber schwieg, konnte man die Wahrheit viel besser hören...

Der Mensch hatte, unabhängig von allen vorschnellen Urteilen und Meinungen, die er bildete, einen tief innerlichen Wahrheitssinn. Aber auch diesen konnte er nur vernehmen lernen, wenn er die Urteile, die er mit seinem gewöhnlichen Verstandesdenken fällte, einmal völlig schweigen ließ. Und dann brauchte man auch hier wiederum die Stimmung der Ehrfurcht. Man brauchte eine Ehrfurcht vor der Wahrheit und der Erkenntnis selbst.
Indem die Seele diese Ehrfurcht in sich wachsen ließ, stärkte sie gerade jenes Wahrheitsorgan, das der Mensch wirklich hatte. Der Mensch war ja ein denkendes Wesen – wie sollte er daher die Wahrheit nicht erkennen können? Doch dafür musste man über das Denken und die Wahrheit hoch und auch heilig genug denken können. Der Mensch hatte im Denken selbst ein Organ für die Wahrheit – aber dieses Organ entfaltete sich nur, wenn die Gedanken des Menschen immer reiner wurden und wenn das gewöhnliche Denken und Urteilen immer reiner schweigen konnte. Dann wurde das Denken immer mehr ein Wahrnehmungsorgan für die Wahrheit – die Denkfähigkeit wurde gewissermaßen ein rein und klar lauschendes Ohr und ein rein und ungetrübt sehendes Auge, das immer mehr erkennen konnte, wann und wo wirklich wahr gesprochen und gedacht wurde.
Da, wo man sich laut über die Wahrheit stritt, konnte man sicher sein, dass die Wahrheit am wenigsten zu finden war. Da, wo man am stillsten schweigen konnte, konnte man fühlen, dass das Schweigen der Wahrheit am nächsten zu kommen vermochte. – Der innerlich schweigende Mensch hörte immer reiner und immer tiefer alles um sich herum sprechen und sich offenbaren. Immer vollkommener verstand er zu

lauschen, und dies ließ den Wahrheitssinn immer stärker und stärker werden.

Dies bedeutete nicht, dass man selbst gar nicht mehr dachte. Man *urteilte* nur so wenig wie möglich. Sein Denken schulte man sehr wohl fortwährend. In allem Lauschen, in allem Miterleben, Mitempfinden, in allem Zuhören und Mitdenken war fortwährend das Denken aktiv. Es ging mit, es dachte mit, es erlebte mit. Ohne selbst eigene Urteile über einen Sachverhalt zu fällen, lernte man, zu bemerken, wann ein anderes Denken Sprünge machte, undeutlich wurde, plötzlich etwas Anderes behauptete und anderes mehr. Aber man bemerkte ebenso, wenn ein Denken behutsam, gründlich, sorgfältig und genau war. Man bemerkte immer mehr auch, wann ein Denken abstrakt war, wann es kalt blieb, wann es warm in etwas eintauchte. Immer feiner wurde das Wahrnehmungs- und Unterscheidungsvermögen des eigenen Denkens, wenn dieses Denken in den Urteilen schwieg... Es urteilte nicht, sondern es ging schweigend mit allem mit und wartete, was sich ergab... Schweigend wurde es selbst immer mehr zu einem Wahrheitsorgan.

Wenn man so weit gekommen war, dann hatte man die jungfräuliche Unschuld im eigenen Inneren zu einem großen Stück befreit. Denn im Schweigenlassen der Urteile bildete sich allmählich eine Liebe zur Wahrheit. Diese ging Hand in Hand mit der Ehrfurcht vor der Wahrheit. Die Ehrfurcht lag darin, dass man immer mehr empfand, dass man mit all seinen Urteilen die Wahrheit allenfalls verderben und verfälschen konnte. Sie lag darin, dass man allmählich wirklich erlebte, dass die Wahrheit etwas Eigenständiges war, das sich nur offenbarte, wenn man sie heiligte. Indem man innerlich schwieg und ehrfürchtig wartete, kam sie einem näher und offenbarte sich schließlich.

Das eigene Urteilen sagte nichts über die Wahrheit, sondern nur über die eigene Ansicht, man könne sich die Wahrheit aneignen, bevor sie sich selbst offenbaren würde. Erst wenn sie sich einem wahrhaftig offenbart hatte, konnte man von ihr sprechen. Aber dann urteilte man auch nicht mehr, sondern man offenbarte selbst die Wahrheit, man sprach unmittelbar die Wahrheit aus – kein Urteil, keine Meinung, sondern das, was man absolut sicher erkannt hatte, weil die Erkenntnis von der Wahrheit selbst gleichsam begnadet worden war und sich mit ihr vereinigt hatte.

Die Liebe zur Wahrheit, die mit der Ehrfurcht Hand in Hand ging, bedeutete etwas sehr Tiefes. Sie bedeutete, dass einem die Wahrheit mehr bedeutete als die eigene Meinung über sie. Dass die Wahrheit einem wichtiger war als alle eigenen Urteile. Wenn sich zeigte, dass die Wahrheit den eigenen Urteilen widersprach, durfte man keinen Schmerz empfinden, die eigenen Urteile sofort fallenzulassen. Im Alltag brauchte man die eigenen Urteile natürlich vielfach – doch immer wenn sich eines dieser Urteile als unzutreffend erweisen würde, würde man es sofort durch ein wahreres ersetzen.
So, wie man den über alles geliebten Menschen innig verehrt hatte und bereit war, alles für ihn zu tun und alles für ihn zu lassen und ihm alles zu schenken, so innig und tief konnte man auch die Wahrheit lieben lernen. Auch die Wahrheit war eine Wesenheit. Auch für sie konnte man alles tun und lassen. So, wie man gegenüber einem tief geliebten Menschen auf einmal fast spielend eine schlechte Gewohnheit aufzugeben vermochte, so konnte auch die Liebe zur Wahrheit so tief und aufrichtig sein, dass man selbst liebgewonnenste Vorstellungen, die sich als falsch erwiesen, ohne Bedauern fallenlassen konnte, weil man die Wahrheit noch viel tiefer und reiner liebte.

Die wirkliche, treue Liebe zur Wahrheit war ein ungeheurer Schritt für die Seele. Denn die Liebe zu den eigenen Meinungen war eine feste Grundsäule der Selbstbezogenheit.
Das Mädchen, das im Märchen die Kraft des Guten im Herzen trug, urteilte nicht selbst darüber, ob die Äpfel am Baum reif seien, ob der Baum schwer daran trage oder ob es *seine* Aufgabe wäre, sie zu pflücken – es sah dies einfach. Aber das war kein äußerliches Sehen. Die Unschuld des Mädchens urteilte nicht, aber gerade dadurch offenbarte sich ihm die Wahrheit, und der gute Wille des Mädchens eilte der erkannten Wirklichkeit entgegen und handelte...
Wenn die Liebe zu den eigenen Meinungen und damit die Selbstliebe so weit besiegt und verwandelt war, dass die Liebe zur Wahrheit in der Seele lebte, dann war bereits eine Art Wunder geschehen. Und *diese* Überwindung der Selbstliebe würde sich auch auf alles Andere auswirken.
Staunend würde man feststellen, dass das Urteilen wahrhaftig eine entscheidende Grundsäule der Selbstbezogenheit war. Was blieb noch von der Selbstbezogenheit, wenn man nicht mehr urteilte?
Nun, es blieben noch genügend Urteile über sich *selbst*. Auch hier durfte man eigentlich nicht mehr urteilen. Auch das eigene Selbstbild musste eigentlich immer mehr zum Schweigen gebracht werden, um in stiller, schweigender Selbstwahrnehmung auch hier die Wahrheit immer mehr sich selbst offenbaren zu lassen – in solcher Ehrfurcht und Liebe zur Wahrheit, dass selbst schlimme Überraschungen der Selbsterkenntnis einen nicht hindern konnten, ihnen aufrichtig ins Auge zu sehen.
Aber wenn dies treu und immer wieder geübt wurde und auch gelang; wenn man merkte, dass man wirklich lernte, innerlich die Urteile fallenzulassen und zu schweigen und zu warten, was sich selbst ergab ... was blieb noch von der Selbstbezogenheit, wenn man nicht mehr urteilte? Ohne eigene Urteile

war man empfänglich und aufgeschlossen für alles, was einen umgab.

Aber es gab nicht nur Urteile, die sich in Begriffen vollzogen und inhaltliche Meinungen und Standpunkte umfassten, sondern es gab auch Gefühlsurteile, die sich mit persönlichen Sympathien und Antipathien verknüpften. Urteile und Empfindungen *dieser* Art schweigen zu lassen, war viel schwerer. Und doch konnte man nach und nach immer mehr lernen, nicht nur Ärger und Ungeduld, sondern auch Sympathie und Antipathie schweigen zu lassen, insofern sie nur aus dem eigenen, unverwandelten Inneren aufstiegen.
In Bezug auf die Antipathie hatte man bereits geübt, nicht ärgerlich, nervös oder ungeduldig zu werden. Nun konnte man zusätzlich üben, einen Menschen immer mehr in einer Weise wahrzunehmen, in der man noch mehr von sich selbst absah. Eine bis dahin unsympathische Eigenschaft konnte man zum Beispiel immer mehr wie ein interessantes Faktum wahrnehmen lernen. Man konnte sich mit immer aufrichtigerem Interesse fragen, wie diese Eigenschaft oder Angewohnheit bei diesem Menschen wohl entstanden sein mochte. Man konnte sich fragen, wie man ihr anders begegnen konnte als bisher. Man konnte sich fragen, welche gute Seite diese Eigenschaft vielleicht auch haben mochte.
Alle Fragen dieser Art führten zu einer anderen Art von Umgang mit dem, was bis dahin Antipathie ausgelöst hatte. Nach und nach konnte man so lernen, auch in dieser Hinsicht seine Seele zu einem wohltuenden, heilsamen Schweigen zu bringen. Immer mehr lernte man so, gegenüber *nichts* mehr zu urteilen, auch nicht gegenüber Eigenschaften, die einem bis dahin im Gefühl unangenehm gewesen waren.

Wenn dies immer mehr gelang, dann wurde man wirklich tief empfänglich für alles, was einen umgab. Sogar gegenüber dem, was einem vorher unangenehm gewesen war, konnte

man schließlich geradezu etwas wie *Wohlwollen* empfinden, wohlwollendes, vielleicht sogar tiefes Verständnis.
Man hatte auf dem Weg, den man so gegangen war, dann sehr, sehr viel erreicht. Man hatte sein Denken und auch sein Fühlen immer reiner und selbstloser gemacht. Man liebte nicht mehr die eigenen Urteile, sondern die Wahrheit. Man liebte nicht mehr die eigenen Antipathien, sondern das Freibleiben davon, das Wohlwollen gegenüber dem Mitmenschen.
Nun kam es noch auf das Wollen an. Welche Richtung wollte man dem Wollen nun geben?
Aber man *hatte* dem Wollen schon fortwährend eine Richtung gegeben. Und diese Richtung war die Überwindung der Selbstbezogenheit gewesen. Man liebte bereits die Wahrheit, man liebte das Überwinden der Antipathien. Was war all dies anderes als bereits eine wirkliche Entfaltung der Liebe?
Nun stand man in wirklicher Freiheit vor der Frage, welche Richtung man dem Wollen selbst, dem unmittelbaren Wollen geben wollte. Man hatte sich freigemacht von seinen Urteilen, freigemacht von seinen gewöhnlichen Gefühlen, insbesondere von den Antipathien, aber auch von den gewöhnlichen Sympathien. Der Mensch war nun wirklich frei, sich ganz ohne all diese Hindernisse seinem Wollen zuzuwenden und sich zu fragen: Was will ich, was tue ich mit diesem Wollen?

Durch alle vorangegangenen Wege hatte die Seele sich bereits so verwandelt, dass sie tief empfänglich gegenüber allem geworden war. Dass sie immer tiefer und wahrer das Wesen der Dinge und das Wesen des anderen Menschen wahrnehmen gelernt hatte, sofern die Früchte dieses Weges ihr geschenkt worden waren. Sie hatte sich also im Denken und Fühlen und auch Wollen sehr weitgehend von der Selbstbezogenheit befreit. Doch noch immer war sie frei, ihrem Wollen ganz und gar die Richtung zu geben.

Das, was der Mensch mit dem ganzen langen Weg bisher erreicht hatte, war, dass sich die Wirklichkeit ihm immer reiner offenbarte, dass er die Wirklichkeit immer reiner, tiefer und empfänglicher aufnahm und sich von ihr berühren ließ.
Aber im Grunde war die ganze Wirklichkeit, die dann wahrgenommen wurde, nun etwas, was eine große Frage stellte. Und die Frage war: Was tust Du nun?

Im Grunde begann jetzt der völlig neue, zweite Teil des Weges. In Freiheit konnte man jetzt verwirklichen, was die eigene Sehnsucht gewesen war: die Liebe.
Nun stand man an dem Punkt, an dem der Unterdrücker überwunden war und das unschuldige Mädchen mit dem unendlich guten Herzen in die Freiheit entlassen musste. Es war frei – und es konnte in die Welt hinausgehen... Die Frage an einen selbst war aber nun: Wieviel Liebe trug man *selbst* im Herzen?
Es gab nichts mehr, was diese Liebe daran hinderte, sich zu entfalten. Im Denken und Fühlen war die Selbstsucht überwunden. Sie konnte nur noch im Wollen selbst liegen. Der Wille hatte geholfen, das Denken und das Fühlen zu reinigen. Aber war er selbst auch so rein geworden, dass er sich nun in *Liebe* verwandeln konnte ... und wollte?

Oder waren das Denken und das Fühlen zwar rein von eigenen Urteilen, aber noch nicht empfänglich genug für das, was unmittelbar die Liebe hervorrufen konnte? Hatte das Denken noch nicht genug geübt, tiefe Gedanken zu bilden über das Schicksal des einzelnen Menschen und dieses auch konkret wahrzunehmen? Hatte das Fühlen noch nicht gelernt, alles, was einen umgab, mitzuempfinden und überall da, wo es Leid gab, wirkliches Mitleid zu empfinden?
War die Liebe doch noch nicht so weit in das Denken und das Fühlen hineingedrungen? So konnte sie es ja jetzt tun!

Tiefe Gedanken bilden, um die Not und das, was Not tat, wirklich erkennen zu können... Tiefe Empfindungen haben, um wirklich das Mitleid zu lernen...
Und dann, wenn dies geschah, dann war der Wille wirklich Liebe geworden. Dann wollte auch der Wille selbst nichts anderes, als tätig sein gegenüber dem Mitmenschen, um zu tun, was Liebe war...

Wenn man noch immer empfand, dass der Wille sich wehrte, dass er es schwer hatte, dass er bequem war, dass er faul war, lieblos ... so konnte man sich innerlich einen behütenden Genius suchen, der einem helfen konnte, das Beste in sich selbst aufzurufen. Vielleicht war dies dann das Mädchen aus dem Märchen, und man konnte sich in jeder einzelnen Situation fragen: Was hätte dieses Mädchen mit dem zutiefst guten Herzen jetzt getan? Vielleicht war es der unendlich geliebte Mensch. Und man konnte sich fragen: Was würde ich im Lichte seines Blickes jetzt tun? Oder was würde das geliebte Wesen sich wünschen, dass ich täte? Vielleicht war es ein höheres Wesen, etwa der Engel. Und man konnte sich fragen: Was hoffte der Engel – oder was täte er selbst, wenn er es könnte...
Was auch immer der Genius, der Hüter des guten Willens sein würde – er konnte einem helfen, in einer tiefen Verbindung mit der eigenen Sehnsucht zu bleiben, bis man selbst diese Sehnsucht niemals mehr verlor; bis im eigenen Herzen die Liebe zum Guten so stark geworden war, dass Wille und Liebe eins geworden waren, dass die Liebe wahrhaftig und wirklich ohne Hindernisse aus dem eigenen Herzen und in dem eigenen Willen in die Welt strömte...

Wenn diese Vereinigung begann, diese Vereinigung zwischen dem Willen und der wirklichen Liebe; wenn das, was man als den eigenen Willen erlebte, sich mit *Liebe* zu erfüllen begann; wenn das innerste Wesen des Willens immer mehr ein liebendes wurde, dann begann etwas Neues.
Dann war der Mensch mit seinem Wesen dem, was nun zeitlich hinter ihm lag, in der Vergangenheit, so weit enthoben, dass etwas völlig Neues sichtbar wurde. Einen sehr langen Weg war man bereits gegangen, und ganz ebenso wie auf einer langen äußeren Reise tat sich ein völlig neuer Blick auf, eine Aussicht auf etwas bisher Unbekanntes, nie Gesehenes oder so nie zuvor Wahrgenommenes.

Mit seinem Wesen war man nun herausgewachsen aus dem, was man ‚den alten Menschen' nennen konnte. Man konnte zurückblicken auf das, was man bis dahin gewesen war: was und wie man gedacht, gefühlt, gewollt hatte. Demgegenüber war das Denken, das Empfinden und das Wollen, was man jetzt hatte, ein vollkommen anderes.
Im Grunde war dieses neue Erleben nichts als Gnade, so konnte man es empfinden. Das neue Denken, Fühlen und Wollen war so reich, so tief, so lichtvoll, lebendig und warm, dass man es nur als Gnade empfinden konnte, dass es so etwas überhaupt gab; dass eine solche Verwandlung überhaupt möglich war. Was man erlebte, war das unendliche Geschenk und das unendliche Wunder der *Liebe* und ihrer Verwandlungskraft. Die Liebe war eine absolute Welten-Kraft. Es war einzig und allein *ihre* Kraft, die das Denken, das Fühlen und das Wollen verwandelt hatte. Es war ihr Wesen, das immer mehr eingedrungen war und einsgeworden war mit diesen Seelenkräften. Sie war es, die das Denken selbst zu Liebe gemacht hatte, das Fühlen zu Liebe, das Wollen zu Liebe...
Liebendes Denken, denkende Liebe; liebendes Fühlen, fühlende Liebe; liebendes Wollen, wollende Liebe. Und das un-

endlich begnadende, tiefstes Glück schenkende Erlebnis war, dass man aus der Selbstbezogenheit, die einen an einen selbst gefesselt hatte, so vollkommen erlöst wurde – und dass man dennoch sich dabei gar nicht verlor! Man verlor sich gar nicht – und dennoch gewann man die ganze Welt, wirklich die ganze Welt, mit der man immer mehr mitfühlen und mitleben konnte, eins mit ihr und dennoch auch eins mit sich. Man war die Liebe, die man entfaltete, im Denken, im Fühlen und im Wollen – und diese Liebe konnte innig eins werden mit allem, dem sie sich zuwandte und schenkte.

Wenn aber dieses Wunder geschah – dass man so weit gekommen war, dass man sich als ein neuer Mensch erlebte, weil man so sehr auf einen ganz anderen, alten Menschen zurückschauen konnte –, dann eröffnete sich auch dieser andere, ganz neue Ausblick. Und dieser bestand darin, dass man ohne alle Urteile und bloß verstandesmäßige Gedanken unmittelbar *erleben* konnte, in was für einer neuen Wirklichkeit man jetzt lebte.

Das Hineinleben in jenen neuen Menschen, der man nun war, war auch ein Hinausgehen aus dem leibgebundenen und leibvermittelten Denken, Fühlen und Wollen. Das gerade war das Wesentliche dieser Verwandlung – ein Hinausgehen, ein Überwinden alles dessen, was noch leibgebunden war, und ein Hineinleben in ein rein Seelisch-Geistiges. Es war vor allem der *Leib*, der das Bewusstsein und alle Regungen der Seele, alles Denken, Fühlen und Wollen immer wieder auf einen *selbst* zurückwarf und an einen selbst fesselte, so, dass man zwar sich auf Anderes richten konnte, aber doch immer *sich* als geheimen Mittelpunkt hatte. Der Leib war der größte, mächtigste Vermittler des Egoismus, der unentrinnbaren Selbstbezogenheit.

Indem man das Seelische in ein wirklich rein seelisches Erleben hineinführte; indem man innerlich schweigen lernte; die aus dem bloß physischen Gehirn aufsteigenden, subjektiven

Urteile schweigen ließ; die unverwandelten, allzu persönlichen, ‚aus dem Bauch' aufsteigenden Sympathien und Antipathien schweigen ließ; die aus dem leiblichen Egoismus aufsteigenden Willensimpulse schweigen ließ, rang man sich aus all diesem Leiblichen hinaus in eine freie, rein seelische Sphäre, die nur noch einen Zusammenhang mit dem Geistigen hatte. Und hier lebte die *Liebe*, hier konnte sie leben...

Dieser neue Mensch aber, der nun in dieser reinen, rein seelisch-geistigen Aktivität leben konnte, die unbeeinflusst war vom Leib und damit wahrhaft selbstlos sein konnte und war – dieser neue Mensch *erlebte*, in welcher Sphäre er nun lebte, webte und existierte.
Für diesen Menschen war es keine Theorie mehr, dass es andere Wesenheiten gab, ja, dass *alles* wesenhaft war, sondern es wurde für ihn zu einer unmittelbaren Erfahrung.
Indem der Mensch die Kraft der Liebe in sein Denken, Fühlen und Wollen aufnahm und immer mehr aufgenommen hatte, wurde sein Erleben so intensiv, dass er die Wirklichkeit nicht mehr nur an der äußersten Oberfläche berührte oder sogar noch davor stehenblieb, sondern dass er in sie eintauchte. Und so, wie man nur in dieser Weise das wirkliche *Wesen* von allem, was einen umgab, berühren konnte, innig erleben konnte und im erlebenden Erkennen eigentlich eins mit ihm wurde, so nahm man nun auch erst andere Bereiche der Wirklichkeit in ihrem wirklichen Wesen und in ihrer wirklichen Wesenhaftigkeit wahr.
So, wie man nun mit tiefstem Erleben in das Wesen eines Kätzchens eintauchen konnte, in das intensivste Miterleben der hinter den Bergen verschwindenden Sonne, in die Sanftheit der Getreideähren, in das Wunder der Kristalle ... so tauchte man nun auch tief und real erlebend ein in das, was sich *nur* seelisch oder geistig offenbarte, nicht durch eine sinnliche Gestalt hindurch.

Die Wahrheit etwa ... sie war längst etwas geworden, was ganz und gar als lebendig, wesenhaft empfunden wurde. Sie war nichts Abstraktes mehr, als das das gewöhnliche Denken sie nur wahrgenommen hatte. Die wirkliche Liebe zur Wahrheit machte den Menschen auch hier sehend. Die Liebe zur Wahrheit erhob das Seelische zum Geistigen, und so wurde immer mehr erlebt, dass die Wahrheit eine absolute, wesenhafte Realität war.

Lieben konnte man in Wirklichkeit nichts Abstraktes. Wenn die Liebe immer wirklicher wurde, wurde auch das, was man liebte, immer wirklicher – es offenbarte immer mehr seine wahre Wirklichkeit. Abstrakt konnte man sagen, man war ‚wahrheitsliebend'. Wenn man aber wirklich begann, die Wahrheit zu lieben, rückhaltlos, unter Aufgabe aller eigenen Meinungen, dann wurde diese Liebe, die eine Realität wurde, zu einem wirklichen seelisch-geistigen Organ, das *wahrnahm*, dass die Wahrheit ebenfalls etwas viel Realeres war als das, als was man sie zuvor erlebt hatte.

Und so wurde auch alles Andere immer tiefer und realer erlebt. Was ein Mensch sagte, stimmte entweder mit der Wahrheit zusammen oder widersprach ihr. Aber das wurde nun immer weniger als etwas bloß Theoretisches erlebt, als eine bloß logische Konstatierung, sondern es war ein reales Geschehen. Jede einzelne Behauptung, die der realen Wahrheit widersprach, *verletzte* die Wahrheit im Übersinnlichen, es griff sie an, es vernichtete sie. Jede Wahrheit wiederum, die ausgesprochen wurde, klang mit der realen Wahrheit zusammen, bildete eine wirkliche Harmonie, ein lichtvolles, harmonisches Erleben. Und zugleich erlebte man die unendliche Bedeutung dessen, dass der Mensch ein Offenbarer der *Wahrheit* sein sollte. Man erlebte das unendliche Leid bei einer Unwahrheit und das furchtbar Erschütternde einer Lüge...

Ebenso tief empfunden wurde nun jede einzelne Handlung, in ihrer ganzen Färbung, vor allem auch in ihrer Lieblosigkeit oder ihrer Liebe, in ihrer ganzen Intensität an Wärme oder ihrem Mangel an Wärme... Auch dies war nichts Abstraktes mehr, wie man vorher konstatiert hätte, dass eine Handlung durchaus etwas ‚lieblos' war, oder es als rein persönliche Frage empfunden hätte. Sondern man erlebte es nun als eine unbeschreibbare Realität – als etwas unsagbar Entscheidendes, ob eine Handlung von Liebe durchdrungen war oder nicht oder in welcher Tiefe.

Man erlebte, dass der tiefste Sinn des Erdenlebens die Liebe war – und dieses Erleben hatte nichts mehr von einer abstrakten Überlegung oder Erkenntnis, nichts mehr von einem bloßen Gefühl, es war eine existentielle Erkenntnis, das Sicherste, was überhaupt erkannt und erlebt werden konnte.

Dies hing mit einem Anderen zusammen, und das war das Erleben der Wesenheiten, die hinter diesen wichtigsten Erlebnissen standen.

Es wurde immer mehr zu einer unabweislichen Ahnung, dass hinter der Wahrheit, hinter der Liebe und auch hinter allem, was ihnen entgegenwirkte, Wesenheiten standen, allerhöchste, göttlich-geistige Wesenheiten. Wesen, die zugleich unmittelbar und zutiefst mit allem Menschlichen zu tun hatten, denn fortwährend ereigneten sich auf dem Schauplatz der Seele, im Inneren des Menschen, Geschehnisse, die ganz und gar mit diesen Wesenheiten verwoben waren.

Mit ‚Ahnung' war wiederum nichts Theoretisches gemeint. Mochte sich das Erleben zunächst auch nur bis zu der Klarheit erheben, die man ‚Ahnung' nannte, so war das Erleben dennoch da – wenn auch die Erkenntnis zunächst nur ‚Ahnung' war. Das Realitätserleben war so stark geworden, dass im Grunde nur die noch immer übriggebliebenen alten Denkgewohnheiten darin hindern konnten, zur tieferen Erkenntnis zu kommen.

Wenn dann die wirklichen Begriffe für dieses Erleben durch jemanden gegeben werden konnten, ergänzten diese das eige-

ne Erleben zu einer vollen Erkenntnis. Zusammen mit diesen Begriffen, die das eigene Denken durch seine Gebundenheit an alte Denkgewohnheiten noch nicht hatte denken können, wurde begreifbar, erkennbar, *was* man eigentlich wirklich erlebte. Man verstand das eigene Erleben nun erst völlig und wusste: Eigentlich konnte es gar nicht anders sein. Das zuvor nur ahnende Erleben wurde zu einem verstehenden Erleben.
Dies bedeutete nicht, dass man von da an unmittelbar Wesenheiten wahrnahm, aber man nahm doch unmittelbar ihre Wirkungen wahr – und man *erkannte* diese immer mehr unabweisbar als Wirkungen; Wirkungen aber mussten von Wesen ausgehen...

Auch das Wesen eines sanften, herzensguten Mädchens nahm man nicht unmittelbar wahr. Man nahm seine Sanftheit, seine Liebe in all seinen Handlungen wahr, aber das waren Wirkungen des Wesens. – Dennoch konnte man auch umgekehrt sagen: *In* den Wirkungen offenbarte sich das Wesen unmittelbar. Eigentlich nahm man in und mit diesen Wirkungen doch unmittelbar das Wesen wahr. Und doch war das Wesen ein rein Geistiges.
Im rein seelisch-geistigen Erleben nahm man nun *auch* diese Wirkungen wahr – und ganz ebenso nahm man in und mit diesen Wirkungen eigentlich unmittelbar auch Wesen wahr. Nur war es so, dass *diesen* Wesen keinerlei äußerlich sichtbare Leiblichkeit entsprach und dass man für diese Wesen zunächst gar keine Begriffe hatte. Aber diese hatte man für das wahre Wesen eines Menschen in Wirklichkeit zunächst auch nicht...

Und dann entfaltete ein Mensch einen ganzen Kosmos von Begriffen, die alle einen immer mehr sich vertiefenden, wachsenden, sich entwickelnden Begriff des Menschen entstehen ließen. Dieser Mensch war Rudolf Steiner. Die Begriffe, die er in einem über drei Jahrzehnte lang währenden Le-

benswerk entfaltete, bildeten einen wahrhaften Kosmos, aber dieser ganze Kosmos war der Mensch. Der Begriff des Menschen, den Rudolf Steiner mit seiner Anthroposophie gab, war so groß, dass man ihn selbst in mehreren Leben nicht ausschöpfen konnte, wenn man tief aufrichtig war. *Siehe, der Mensch!* So groß, so weit, so tief musste vom Menschen gedacht werden. Das erst war die Wirklichkeit des Menschen...
Der Mensch war nicht nur ‚Erdenbürger', und selbst die Erde war etwas Geistiges im Kosmos. Aber der Mensch, jeder Einzelne, war ein geistiges Wesen, hatte eine vorgeburtliche Existenz, eine nachtodliche Existenz, ein ewiges Sein, und dieses wahre Wesen des Menschen war zutiefst mit dem ganzen Kosmos und anderen Wesenheiten der geistigen Welt verbunden, auch mit den anderen Verstorbenen und noch Ungeborenen. Der ganze Kosmos durfte nicht nur physisch-materiell, er musste vor allem geistig gedacht werden.
Allem Physischen lag Geistiges zugrunde. Ernährung, Medizin, Landwirtschaft – alles konnte vom Geistigen her betrachtet werden, und dann kam man nicht zu Pragmatismus, sondern zu Wesenhaftem. Zu einer wahren Heilkunst, nicht nur symptomatischen Verschreibungen; zu einem die ganze Erde harmonisierenden Landbau, nicht zu industriell-chemischer Nahrungsmittelproduktion... Statt zu abstrakten Vorstellungen über Pädagogik kam man zu einer wirklichen Erkenntnis des Wesens eines Kindes und der ganzen kindlichen Entwicklung und so zu einer wahren Erziehungskunst...

Aber die Erkenntnis Rudolf Steiners, der tief in der Wirklichkeit des Geistes leben konnte, der erlebend und erkennend in dieser Wirklichkeit stehen konnte, umfasste nun auch die Wesenheiten, die sich nicht mehr sinnlich offenbarten.

Was man auf dem eigenen langen Weg der Übung innerlich errungen hatte, war ein Darinnenstehen in einem immer mehr rein seelischen Erleben. Dieses Erleben wurde immer wesenhafter. Früher hatte man das, was ‚Wahrheit' genannt wurde, nur als abstrakte ‚Übereinstimmung mit den Tatsachen' gekannt. Ja, man hatte vielleicht sogar gezweifelt, ob es Wahrheit überhaupt gab, ob nicht vielleicht alles nur persönliche Meinungen, Sichtweisen, Blickwinkel und Überzeugungen waren, ob es nicht vielleicht ganz unmöglich war, wirklich ‚Wahrheit' zu erkennen, und diese vielleicht gar nicht existierte, weil nur Subjektives existierte. Und früher hatte man das, was ‚Liebe' genannt wurde, nur als Gefühl gekannt, als ein Gefühl, für das man nichts oder fast nichts konnte, das sich entweder einstellte oder nicht einstellte.

Nun erlebte man die Wahrheit als etwas zweifellos Existierendes; etwas, was wirklich erkannt und erlebt werden konnte; was sich lebendig offenbarte, wenn das Schweigen der eigenen Meinungen und Urteile tief und rein genug war. Und nicht nur das. Man erlebte zugleich die Realität von Unwahrheiten und Lügen. Diese waren nicht einfach Tatsachen, die man, wenn man sie bemerkte, korrigieren konnte, oder für die man sich vielleicht persönlich schämen sollte, oder die man mit sich selbst abzumachen hatte, oder die allenfalls in der äußeren Welt Konsequenzen haben konnten. Sondern es waren Tatsachen, die auch in der rein seelisch-geistig erlebbaren Wirklichkeit Wirkungen hatten. Man erlebte in jedem einzelnen Fall das reale Wesen der Wahrheit als *verletzt* durch das reale Wesen einer Unwahrheit, als wirklich *angegriffen* durch das reale Wesen einer Lüge. Das alles wurde zu einem Erleben von Realitäten, die nicht weniger real waren als etwa ein Tisch oder ein Baum, auch wenn ihre Offenbarung im rein Nicht-Sinnlichen lag.

Man erlebte die Liebe als etwas zutiefst Reales, nicht nur als ein Gefühl, nicht nur als etwas Innermenschliches, sondern als eine Realität von unmittelbarer und tiefster Bedeutung. Jede von Liebe durchdrungene Handlung eines Menschen konnte man selbst mit tiefster Liebe und innigem Glück erleben, völlig unabhängig davon, wem sie galt; und jede

Handlung, der die Liebe mangelte, konnte mit einem tiefen Schmerz, mit einem wirklichen Erleben der Entbehrung und des Leides erlebt werden, wem auch immer sie galt. Ob eine Handlung mit Liebe getan wurde oder nicht, dies wurde dem eigenen Erleben immer wesentlicher. Die Liebe wurde immer existentieller dasjenige, was die wirkliche, die reale Wärme, die reale Sonne, der reale Sinn im Weltenganzen war...
Aber ebenso tief, ja erschütternd tief, konnte man erleben, was dieser Kraft entgegenstand und entgegenwirkte. Der Mangel an Liebe war nichts Abstraktes, kein bloßes Fehlen. In jedem Mangel an Liebe wirkte entweder diejenige Kraft, die den Selbstbezug gab und bildete, oder diejenige Kraft, die der Liebe den Hass entgegenstellte. Das, was im Reich der Wahrheit Unwahrheit und Lüge waren, das waren im Reich der Liebe Selbstbezug und Hass...

Und nun gab Rudolf Steiner Begriffe für dieses Erleben! Er beschrieb das Wirken von Wesenheiten, die hinter diesen Kräften standen und als Wesen *eins* waren mit dem, was man als diese Kräfte wahrnahm. Er beschrieb das Wesen, das in tiefstem Sinne das Licht der Wahrheit und die Sonne der Liebe umfasste und selbst *war*. Und er beschrieb die Wesen, die ihm als Widersacher entgegenwirkten und die in und als Selbstbezug und Irrtum, in und als Lüge und Hass wirkten...

Selbstbezug war es, der den Menschen von der Welt entfernte, der ihn auch von der Wirklichkeit und Wahrheit entfernte. Selbstbezug führte ihn zu seinen rein persönlichen Urteilen und Meinungen – und diese mussten notwendig von der Wahrheit abirren, mussten Irrtümer sein, weil es nicht um das Licht der Wahrheit, sondern um das Selbst ging. Es war kein böser Wille, es war einfach die Verhaftung des Selbst mit sich selbst, die Selbstliebe und damit die Liebe zu den eigenen Meinungen. Selbstliebe und Selbstbezug war es auch, der die Handlungen lieblos machte. Sich selbst war man am nächsten. Liebe und Wohlwollen kannte man, wenn man verliebt war, wenn man Sympathien hatte oder wenn man zugleich stolz auf oder verliebt in sein eigenes Wohlwollen sein konnte.

Selbstbezug, der sich zugleich zerstörend nach außen richtete, war es, der den Menschen mit der Welt in Zwiespalt und Feindschaft brachte. Die Lüge stellte sich ganz bewusst der Wahrheit entgegen. Gelegenheitslügen konnten aus Selbstliebe geschehen, Notlügen sogar aus wirklicher Liebe, und dennoch widersprachen sie der Wahrheit, und dies konnte man immer tiefer als Leid empfinden. Mutwillige Lügen jedoch brachten sogar unmittelbar Leid über andere Menschen. Und der Hass stellte sich der Liebe entgegen. Er bekämpfte die Liebe, er hob die Liebe auf – in einem selbst und im Mitmenschen.

Die Liebe aber war die Sonne in der Welt... Sie war es, um die es ging. Sie war es, die die tiefste Sehnsucht des Menschen war. Nicht nur, sie zu bekommen, sich an ihr zu nähren, sie zu genießen – dies war und wurde Selbstbezug, auch wenn die Liebe lebensnotwendig war, ein Mensch ohne Liebe gar nicht existieren konnte. Aber die tiefste Sehnsucht, die wirklich tiefste Sehnsucht, die in einem Menschen lebte, war, *selbst* lieben zu können. Und insofern der Mensch ein Wesen war, ein geistiges Wesen, so war die tiefste Sehnsucht des Menschen, sein Wesen ganz mit Liebe zu durchdringen, eins zu werden mit der Liebe selbst. Der Mensch wollte sich mit der Liebe selbst vereinigen – er wollte ein Träger der Liebe werden. Mochte diese tiefste Sehnsucht noch so unbewusst sein, sie war es, sie war die tiefste Sehnsucht...

Diese Welten-Sonnenkraft, diese Realität aber, die den tiefsten Sinn in sich umfasste und allem schenkte, was von ihr berührt wurde, war ein Wesen. Und dieses Wesen hatte einen Namen. Nur musste man darum kämpfen, sich von allen eigenen Urteilen frei zu halten, damit dieser Name unmittelbar mit dem Erleben der Welten-Sonne verbunden bleiben konnte – und nicht stattdessen unweigerlich mit dem verkettet wurde, was unzählige andere Menschen über dieses Wesen gedacht und geurteilt hatten.

Dieses Wesen, das andere Kulturen unter anderem Namen gekannt und verehrt hatten, verband sich immer inniger mit der Erdenmenschheit, bis es sich zur Zeitenwende so unmittelbar mit dem irdischen Geschehen vereinte, dass dieses höchste Gotteswesen, dieses wahrhaftige Licht der Welt, Mensch wurde. Das Wesen der Liebe vereinigte sich am Jordan mit dem Menschen Jesus. Die Liebe selbst erschien auf Erden. Am Ostermorgen hatte das menschgewordene kosmische Gottes-Liebes-Wesen den Erdentod, der durch die Widersacher in die Welt gekommen war, überwunden und trat in einem geistig-physischen, nicht mehr materiellen Auferstehungsleib aus dem Grab. Schließlich vereinte es sich mit der ganzen Erde und ihrer Atmosphäre. Der Name dieses Wesens war Christus.

Dies konnten Worte und Sätze bleiben; es konnten abstrakte, bloße Vorstellungen bleiben. Es konnten aber auch Begriffe werden, die wirklich mit dem *verbunden* blieben, was man bis dahin diesem Mysterium der Liebe, dieser Welten-Sonnen-Wärmekraft gegenüber selbst empfinden konnte. Wenn die eigenen Empfindungen und Gedanken und Erlebnisse gegenüber dieser wunderbaren Kraft in dieser Weise anwesend blieben, wenn *man selbst* mit und in ihnen anwesend blieb und nicht zurückfiel in das Nicht-Denken, Nicht-Empfinden, Nicht-Erleben – dann geschah etwas durch die neuen Begriffe, die man nun bei Rudolf Steiner fand.

Dann verband sich die Realität, die man bereits erlebt hatte, mit einer Erkenntnis – man wurde durch diese neuen Begriffe zu der Erkenntnis geführt, dass das, was man bisher schon an realem Erleben hatte, zu einem *Wesen* gehörte. Man erkannte,

man begriff, dass die Weltenkraft der Liebe nicht nur eine Kraft war – die an sich schon ein Mysterium war –, sondern dass diese Kraft zu einem Wesen gehörte, mit einem Wesen verbunden war, von einem Wesen ausging. Dass es ein Wesen gab, dass so sehr diese Weltenkraft selbst *war*, dass es ohne dieses Wesen diese Kraft und dieses Mysterium gar nicht gäbe. Es würde in der Welt, im ganzen Kosmos, nicht existieren...
Jenes eine Gotteswesen war das *Wesen der Liebe*. Es war nicht ihr Träger, sondern ihr Urgrund, ihr Quell, der Grund ihres Seins. Dieses Gotteswesen war die Welten-Liebes-Sonne.

Und dann, wenn so das Begreifen etwas Reales wurde, begriff man auch die andere Realität: die Realität dessen, was zur Zeitenwende eigentlich geschehen war. Nicht nur verband sich das eigene Erleben des Mysteriums dieser Weltenkraft mit der Erkenntnis jenes Wesens, das ihr Urgrund war; sondern diese Erkenntnis erweiterte sich zu dem Begreifen, dass dieses Liebe-Wesen etwas *tat*. Man begriff, dass sich das Verhältnis dieses Wesens zur Menschheit im irdischen Zeitenlauf veränderte und verändert hatte, dass etwas geschehen war. Und man begriff, dass dieses Geschehen mit einem unsagbaren *Näherkommen* dieses kosmischen Liebe-Wesens zu tun hatte. Das Wesen der Liebe verband sich tiefer mit der Erde und mit allem Menschlichen, als dies bis dahin je zuvor der Fall gewesen war. Mit der Liebe selbst war dadurch etwas geschehen. Dieses Wesen und sein Sein war der Menschheit und damit dem Wesen des Menschen nun erst unendlich nahe gekommen...
Auch dies konnte man sagen, konnte man lesen, konnte es verstehen, aber man sollte es nicht nur verstehen, man sollte es empfinden... Man sollte lernen, zu ahnen, *was* da eigentlich Erschütterndes geschehen war. Alles, was man je über die Liebe empfunden hatte, was man je gegenüber der Liebe

erlebt hatte, all dies konnte man zusammennehmen und in *einem* Punkt konzentrieren, um dann zu *erleben*, was in diesem einen Moment begriffen werden konnte: Dass das Mysterium der Liebe einzig und allein durch ein *Wesen* in der Welt war – und dass dieses Wesen sich dem Menschen *so* nah und so innig gleich gemacht hatte, dass es uns seitdem unvorstellbar nahe war, näher als unser eigenes Ich... Man sollte in diesem einen Moment wirklich mit allem, was man hatte, darum kämpfen, sich von dieser Erkenntnis erschüttern zu lassen, wirklich durchzudringen zu dieser Erkenntnis: was es hieß, dass dieses Wesen uns in einer unendlichen Liebes-Tat *näher* gekommen war als unser eigenes Ich... Reinste, unendlichste Liebe lag in dieser Tat, reinste, unendlichste Liebe war dieses Wesen – und *dies*, konnte man dies in diesem einen Moment erleben? Konnte man sich von diesem Wesen und von seiner Tat diesen einen Moment lang wirklich berührt fühlen? In einer tiefen Erschütterung eines ewigen Moments, in dem man *wirklich* berührt wurde...?

*

Wenn dies geschah, dann hatten die Begriffe, die man Rudolf Steiner verdankte, zu einem Begreifen geführt, das einen zu einem Erleben der Realität geführt hatte. Begreifen und Realität wurden eins – das Erkennen vereinigte sich wirklich mit der Realität, und die Realität mit dem Erkennen. Die Realität des Wesens der Liebe berührte einen, und man erkannte sie. Diese Berührung *war* das wesenhafte, wirkliche Erkennen...
Man erkannte, was immer schon war, die Realität dieses Wesens, aber erst *in* dieser Erkenntnis offenbarte es sich. Dieses Wesen drängte sich nicht auf, es war das Wesen der Liebe; es ließ den Menschen vollkommen frei... Es schenkte dem Menschen die Möglichkeit der Liebe, aber es offenbarte sich nur demjenigen Einzelnen, der bereit dazu war; der dieses Wesen erkennen *wollte*. Dieses Wesen offenbarte sich nur der Er-

kenntnis, und für diese Erkenntnis musste man diesem Wesen entgegengehen. Dieses Entgegengehen bestand in einer inneren Zuwendung, man musste dieses Wesen erkennen *wollen*. Man musste sich ihm in Liebe, in Dankbarkeit zuwenden wollen. Dieses Wesen *war* die Liebe, und es offenbarte sich, wenn man sich ihm in Liebe zuwandte. Und die Liebe erkannte das Wesen der Liebe, erkannte, dass es dieses Wesen gab...

Mochte diese Erkenntnis noch so anfänglich sein – es war von da an nie wieder so, dass man nicht wusste, was die Liebe eigentlich war. Von nun an wusste man, dass alles, was Liebe in der Welt war, in ihrem letzten Grunde *einem* Wesen zu verdanken war. Und man wusste es nicht nur, man fühlte dies auch: man fühlte seine Dankbarkeit zu diesem Wesen hinströmen, seine Liebe, seine Ehrfurcht...

Aber warum strömte nicht das ganze eigene Wesen zu diesem Wesen hin, zu dem man eine solche Liebe und Sehnsucht empfand, je tiefer die Erkenntnis wurde? Hier, an diesem Punkt begegnete man wiederum der anderen Seite des eigenen Wesens und der Weltenwirklichkeit.
Der Mensch war ein geistiges Wesen. Er war nicht einfach nur ein gegebener ‚Klotz', der mehr oder weniger lieblos und lau war, der dieses oder jenes Quäntchen Liebe besaß oder auch nicht besaß. Der Mensch war eine Realität. Sein wahres, sein tiefstes Wesen war geistig – und in diesem Wesen war er dazu bestimmt, sich aus freiem Willen in aller Vollkommenheit mit dem Wesen der Liebe zu vereinen. Aber es gab Kräfte, die ihn daran hinderten; die gerade diese Bewegung mit aller Macht bekämpften. Und gerade sie machten die Freiheit möglich.
Der Mensch *sollte* die wirkliche Liebe nicht finden, er sollte in der Selbstliebe bleiben, er sollte sich in Lieblosigkeit und Hass verlieren, er sollte das Wesen der Liebe niemals erken-

nen und niemals von ihm berührt werden... Das war das Ziel dieser anderen Kräfte, hinter denen ebenfalls Wesen standen. Und diese Wesen waren gottgewollt. Denn ihrer Existenz verdankte der Mensch seine Freiheit. Ihnen verdankte er die Tatsache, dass er lieblos sein konnte, sich selbst empfinden konnte, eine Trennung gegenüber der Welt empfinden konnte; ihnen verdankte er, dass er *nicht* eins mit dem Wesen der Liebe war, dass er nicht erfüllt war von Liebe. Ihnen verdankte er, dass er das Wesen der Liebe suchen konnte, weil er von ihm getrennt war...
Dennoch taten diese Wesen alles, damit der Mensch das Wesen der Liebe niemals suchen würde – oder dass seine Suche in die Irre führen würde, nicht aus ihrem Machtbereich herausführen würde, in Irrtum und Selbstliebe, in Kälte, Macht und Hass verhaftet bleiben würde.

Den Widersachermächten, die selbst von der göttlichen Welt gewollt waren und selbst gefallene göttlich-geistige Wesen waren, verdankte der Mensch, dass er das Christus-Wesen *suchen* musste. Hierin lag das unendliche Geschenk, das die Freiheit bedeutete. Dem Christus-Wesen selbst aber verdankte der Mensch, dass er es finden konnte. Und so verdankte er die wirkliche Freiheit auch diesem Wesen.
Im Wirken der Widersacher lag keine Freiheit – ihr Wirken war die *Bedingung* der Freiheit, aber *sie* machten den Menschen unfrei. Würde es nach ihnen gehen, würde er immer in dem Zustand des Irrtums und der Versuchung bleiben, und die Freiheit wäre doch eine Illusion. Das Christus-Wesen aber gab dem Menschen die Kraft, aus dem Machtbereich der Widersacher herauszutreten. Diese Kraft fand der Mensch in dem Moment, wo er sich mit dem Wesen des Christus vereinigte, wie anfänglich auch immer. Diese Vereinigung und das Finden der Kraft, der Beginn der Überwindung des Wirkens der Widersacher, war ein und dasselbe.

Das Wesen der Liebe gab dem Menschen die Kraft, sich aus allem, was Selbstbezug, Lieblosigkeit und sogar Hass war, langsam zu befreien. Jeder Mensch hatte etwas Liebe in sich – ohne diese konnte kein einziger Mensch leben. Zwischen den Menschen gab es Unterschiede. Der eine Mensch trug trotz ähnlicher Erfahrungen mehr Liebe im Herzen als der andere. Jener hatte sich vielleicht schon in früheren Leben mehr mit dem Wesen der Liebe verbunden als dieser. Und doch konnte jeder Mensch in diesem Leben den Willen fassen und immer tiefer machen, sich diesem Wesen zuzuwenden; die Sehnsucht empfinden und den Willen fassen, die Wirkungen der Widersacher zu überwinden.
Das Wesen der Liebe wartete auf diesen Schritt des Menschen. Die Sehnsucht, den Willen musste der Mensch fassen. Hier lag seine volle Freiheit. Wenn er diese Sehnsucht und diesen Willen aber fasste – die Liebe in seinem Herzen und seiner Seele zu vergrößern, zu vertiefen –, dann konnte ihm das Wesen der Liebe gleichsam entgegengehen und ihm seine Kraft schenken. *Wirklich* überwinden konnte der Mensch die Einflüsse der Widersacher nur mit Hilfe des Christus-Wesens. Jeder wirkliche Schritt, mit dem der Mensch wieder einen dieser Einflüsse überwand, geschah mit Hilfe dieses Wesens. *Wollen* musste der Mensch dies selbst, *können* tat er es mit Hilfe des Wesens der Liebe.

Auch dies konnte man immer tiefer empfinden: Wie jeder Schritt, der die Widersacher im eigenen Inneren überwand, und sei er winzig, nicht allein gemacht wurde. Dies dennoch zu meinen, wäre noch immer die Wirkung jener Macht, die den Selbstbezug und die Selbstsucht, den Stolz und die Überhebung aufrechterhalten wollte. Es war nicht so, dass man *allein* ein besserer, liebevollerer Mensch wurde, dass man sich aus *eigener* Kraft mit der Kraft der Liebe erfüllen konnte, sich immer mehr mit dem Wesen der Liebe verbinden konnte. Man konnte dies nur, weil die Kraft dazu einem schon von diesem Wesen geschenkt wurde ... wenn man diesen Schritt tun wollte. Wollen musste der Mensch selbst. Doch in dem Moment, wo er wirklich wollte, war er schon nicht mehr allein – das Wesen der Liebe war ja bereits bei ihm und schenkte ihm seine Kraft, seine Hilfe, seinen Beistand...

Doch die Widersachermächte blieben nicht untätig. Wann immer ein Mensch sich aus ihrem Bann zu lösen drohte, vervielfachten sie ihr Wirken, um dies nicht geschehen zu lassen. Sie taten alles, damit die Entschlossenheit doch wieder ermüdete, damit ein Entschluss wieder einschlief, wieder zur bloßen Sehnsucht wurde, oder alles Bemühen und Üben halbherzig blieb. Sie taten alles, damit selbst die Halbherzigkeit einem als etwas Wesentliches erschien, sie flößten der Seele Stolz und Zufriedenheit über ihre ‚Fortschritte' oder auch nur ihre Bemühungen ein.
Es war sogar möglich, dass man meinte, ein immer besserer und liebevollerer Mensch zu werden, obwohl in der Seele die Lieblosigkeit immer mehr zunahm! Man verwechselte zum Beispiel das Verständnis dieser Geheimnisse mit einem lebensvollen Empfinden und Wollen, mit einem echten Streben und Verwirklichen. Im Kopf war man dann sehr weit, im Herzen blieb man lau, und im Handeln blieb man untätig... Und dennoch meinte man, viel weiter zu sein als seine Mitbrüder und Mitschwestern, die vielleicht zunächst viel weniger verstanden hatten, aber doch viel mehr unmittelbares Herz hatten.
Das Verstehen war zu nichts nütze, wenn es nicht half, die wirkliche Liebe zu erwecken und zu vertiefen. Half es nicht *dazu*, so blieb auch alles Verstehen im Bannkreis der Widersachermächte...

Die Liebe war nicht auf einfachem Wege zu erreichen. Sie war überhaupt nicht zu ‚erreichen'. Man musste sich von *ihr* erreichen lassen. Das ging aber nur, wenn man sich selbst aufgab. Nicht sein Wesen, aber seine Selbstsucht. Diese musste sterben – aber diese war gerade das ‚ich', wie man es bisher kannte. Das gewöhnliche Ich war gerade der Selbstbezug.

Die wirkliche, wachsende Vereinigung mit dem Wesen der Liebe, dem Christus-Wesen, konnte man sich nicht heilig genug vorstellen. Gnade um Gnade ging beseligend von der realen Berührung dieses Wesens aus. Tiefste Beseligung war es auch, sich tief mit der Liebe erfüllen zu dürfen, um mit dieser Liebe dann in der Welt zu wirken. Doch um wirklich ein so tiefer Träger der Liebe sein zu können, musste man vorher die allergrößten Opfer gebracht haben.

Man konnte nicht das Höchste und Heiligste, das es in der Welt gab, in sich aufnehmen und dennoch dieser gewöhnliche Mensch bleiben, der das gewöhnliche Ich war. Dieses gewöhnliche Selbstempfinden *besetzte* gerade das im Menschen, das den Raum für die Liebe geben sollte. Man konnte sein Wesen nicht mit der Liebe erfüllen, wenn dieses Wesen schon gefüllt war – voll von Ich- und Selbstgefühl. Das alles war noch immer der Selbstbezug, auf dessen eisernen Bestand die Widersacher hofften.

Um dem Wesen der Liebe in seinem Innern Wohnung zu geben, musste dieses Innere leer und arm werden, arm an Ich-Gefühl. All dieser Reichtum an Selbstgefühl musste weggeschenkt werden – man brauchte diesen nicht, man sehnte sich doch nach einem ganz anderen, ewigen, unvergänglichen Reichtum...

Er muss wachsen, ich muss abnehmen – so sprach Johannes der Täufer. Nicht ich, sondern Christus in mir – so sprach Paulus. Nicht ich, sondern die Liebe in mir. Die Liebe war niemals Selbstliebe, sondern es war Liebe zu dem Anderen.

Nicht Gedanken an sich selbst, sondern an das Andere. Nicht Selbstgefühl, sondern Empfindungen für das Andere und ein

Fühlen des Anderen. Nicht selbstbezogene Handlungen, sondern Taten der Liebe, die nicht mir, sondern einem Anderen dienten. Das war die Liebe...

Es war noch relativ leicht, die Liebe in Gedanken zu haben, aber die Wirklichkeit, die Realität der Liebe lebte nicht in Gedanken, sondern in Handlungen. Dieser Unterschied war der Grund für so viele Illusionen und Irrtümer über sich selbst und die eigene Lieblosigkeit. Sehr, sehr leicht konnte man selbst in dem Verbrecher den Menschenbruder sehen, solange dies im Leben der Gedanken blieb. Wenn aber der Gedanke *Tat* werden wollte, dann konnte man ein Leben lang selbst dem eigenen Nachbarn übel gesonnen bleiben und nie auch nur ein winziges Stück seiner Antipathie oder seiner Tatenlosigkeit überwinden.

Die wirkliche Liebe lebte im Tun. Und *hier* zu empfinden und mit voller Liebe zur Wahrheit erkennen, wo man mit seinem realen Willen stand, das war die Feuerprüfung für das eigene Verhältnis zum Wesen der Liebe. Die Liebe war reines Willensfeuer, das für Andere brannte, wie die Kerze, die niemals an sich selbst dachte – sie brannte einfach, für alle, denen sie schien. So sehr der eigene Wille wirklich für Andere brannte und wirkte, so sehr lebte die wirkliche Liebe in einem, so sehr wirkte die reale Liebe durch einen.

Ein einziges reales Wort der Liebe zum Nachbarn war *mehr* Liebe in der Welt als hundert gute Gedanken an den Verbrecher. Das bedeutete nicht, dass Gedanken nicht auch reale Kräfte waren und sein konnten. Aber dies Eine musste man so sehr in seine Erkenntnis aufnehmen, dass man sich ganz und gar damit durchdrang: Die Liebe wurde nur in Taten eine *Wirklichkeit* in der Welt. Man konnte sich noch so sehr mit Liebe erfüllen – in die Welt kam sie durch einen nur durch das, was man dann tat... In dem, was wirklich von einem getan wurde, floss die Liebe in die Welt...

Und doch musste sie wirklich auch tief empfunden werden. Das war die andere Seite, die nicht weniger wichtig war. Es war genauso gut möglich, dass man unbedingt ein liebevoller, liebe-erfüllter Mensch werden wollte und dass dies von der Vorstellung und der Sehnsucht nach diesem Selbstbild unmittelbar in die Handlungen überging. Dann würde man nett und liebevoll zu allen Menschen sein und den tiefen Glauben haben, man sei voller Liebe. Doch die Handlungen dienten zwar anderen Menschen, im Herzen lebte auch Einiges an Liebe, aber die Vorstellung, man sei nun ein vollkommener Träger tiefer Liebe überwog und überschattete alles. Und in Wirklichkeit lebte im Herzen nur ein sehr selbstbezogener, von Selbstliebe begleiteter Abglanz der wahren Liebe.

Auch das *Empfinden* konnte man sich nicht groß genug vorstellen. Wenn im Herzen die Liebe leben sollte, konnte sie dies nur, wenn das Fühlen voller wahrhaft tiefer Liebe war. Man konnte sich die Liebe vorstellen – aber dann lebte sie nicht wirklich im Herzen. Wenn das *Herz* lieben sollte, reichte es nicht, sich die Liebe vorzustellen. So konnte man zwar zu der Vorstellung kommen, man sei liebevoll und voller Liebe, aber man liebte gar nicht wirklich, tief und innig. Die Liebe lebte im Herzen, nicht in Gedanken.

Auch die Gedanken hatten nur dann wahrhaft Liebe, wenn das Herz sie hatte. Gedanken wie die, dass auch der Verbrecher ein Menschenbruder war, konnten zwar Liebe entzünden – aber damit der Gedanke dann *auch* wirklich von Liebe durchdrungen war, musste die entzündete Liebe wiederum zu ihm zurückkehren, oder der Gedanke musste sich mit dem Herzen verbinden. Die Herzen mussten beginnen, Gedanken zu haben...

Liebe, wirkliche Liebe. Nicht Schein-Liebe, nicht Selbstliebe, nicht bloß vorgestellte Liebe, nicht man selbst, vorgestellt als liebevoll. Alles dies nicht – sondern wirkliche Liebe. Tief empfunden, innig ausströmend aus dem Herzen – Liebe zum

Anderen, zur Welt, zum Mitmenschen. Liebe, die in inniger Tiefe aus dem Herzen strömte und die in inniger Wärme zum Wollen, zum Handeln wurde.

*

Vielleicht konnte die wirkliche, große, aufrichtige Liebe nur dann im eigenen Inneren Wohnung nehmen und von dort ausströmen, wenn noch *Eines* geschah. Vielleicht konnte die wirkliche Selbstliebe grundlegend nur durch eine einzige Erkenntnis überwunden und verwandelt werden. Vielleicht musste man immer zuerst zu dieser Erkenntnis kommen, musste dies eine wirkliche, wirksame, wirkende Erkenntnis werden: *wie sehr man in der Schuld stand.*

Konnte man auch nur ein Einziges sich selbst verdanken? Verdankte man nicht *alles*, was man erreicht hatte, Bedingungen, die Andere für einen geschaffen hatten? Opfern, die Andere für einen gebracht hatten? Umständen, die man selbst nie bestimmt hatte... Und wieviel davon hatte man vielleicht Anderen sogar entzogen? Wieviel war einem selbst zugute gekommen und konnte dadurch nicht Anderen zugute kommen?
Und wieviel hatte man in seinem Leben bisher schon Anderen angetan? Wieviel Schmerzen und Leid hatte man Anderen gegeben? Wieviel hatte man versäumt – wie oft ein gutes Wort, wo es wichtig, bedeutsam, ja notwendig gewesen wäre... Wie viele Entscheidungen hatte man nicht getroffen, obwohl es Andere gebraucht hätten? Wie oft hatte man das Falsche getan?

Wie sehr arbeiteten Menschen füreinander, wie oft halfen sie einander? Von der Geburt an, und sogar noch davor, bis zu dem Moment, in dem wir jetzt lebten, verdankten wir Unzähliges und Unendliches dem, was andere Menschen für uns getan hatten. Selbst bei dem ungeliebten Lehrer hatten wir etwas gelernt. Selbst den widrigsten Bedingungen konnte man etwas verdanken, sei es Kraft, sei es das sichere Wissen, es einmal ganz anders machen zu wollen... Und waren wir überhaupt dankbar dafür, dass wir nicht an einem ganz anderen Ort der Welt lebten? Dass wir in der Nähe einkaufen gehen konnten? Dass es uns vielleicht besser ging als der Verkäuferin an der Kasse – und sie trotzdem freundlich war? Unzähliges ... wenn man einmal anfing, nachzudenken, konnte man Unzähliges finden. Nur aufrichtig musste man sein – aufrichtig suchen und empfinden, für was alles man *dankbar* sein konnte.

Und Unzähliges gab es auch, das man aufrichtig erkennen konnte als Momente, wo man in irgendeiner Weise schuldig geworden war. Oder wo man vielleicht etwas schuldig geblieben war. Wo man etwas getan hatte, was man hinterher bereute – oder was man hätte bereuen können, vielleicht hätte bereuen sollen... Wo man etwas unterlassen hatte, was einem vielleicht sehr, sehr oft gar nicht aufgefallen war, was man aber auch wiederum hätte bedauern oder bereuen können, wenn man genauer geschaut oder tiefer empfunden hätte...

Nach dem Tod würde man das ganze Leben noch einmal mit diesem Blick sehen. Jede einzelne Situation, die man jetzt ganz vergessen hatte, würde man noch einmal sehr klar und in all ihren Gegebenheiten vor sich sehen. Und man würde empfinden, tief empfinden, wie man hätte handeln sollen ... und in seinem tiefsten Inneren auch hätte handeln wollen...

Jetzt, vor dem Tod, konnte man sich nur *bemühen*, auf sein Leben so zu schauen, dass man diese Momente vielleicht dennoch entdeckte, einige von ihnen, um eine Empfindung dafür zu bekommen, wie groß die Schuld war und wieviel man schuldete – wenn man bereit war, es zu empfinden. Niemand rechnete es einem vor – man konnte nur selbst empfinden...

Es hatte gar nichts mit dem zu tun, was je ein Anderer hätte vorrechnen können. Es war kein ‚Du hast Schuld' oder ‚Du schuldest'. Ausschließlich, allein und nur das eigene, verwandelte, liebend und sehend gewordene Fühlen und Wollen konnte einem sagen, wie es sich wirklich verhielt. Nur hier konnte man empfinden, was diese ‚Lücke' war und dass es sie gab: zwischen dem, was man getan hatte, und dem, was man hätte tun sollen...

Und dann gab es noch eine andere Schuld, etwas, wo man unwiederbringlich gegenüber einem Anderen in der Schuld stand, ihm ein Unendliches verdankte. Aber hierfür musste sich wiederum erst das gesamte Weltbild, das gesamte Gedankenleben verwandeln.

Was war der Mensch? Die heutige Naturwissenschaft ging blind von absoluten Annahmen aus, wo sie nichts mehr beweisen konnte. Dazu gehörten der ‚Urknall' und das Entstehen von Leben aus toter Materie, von Seele aus bloßem Leben, von Geist aus bloßer Seele. Dies war auch nicht besser als das, was die Alten glaubten: dass die niederen Lebewesen wie aus dem Nichts aus dem Urschlamm hervorgingen.
Nie konnten Leben und Geist aus bloßer Materie hervorgehen, immer war es nur andersherum möglich. Mit dieser Erkenntnis stürzte aber das ganze materialistische Weltbild um. Der Mensch war ein geistiges Wesen. Er war als solches nicht aus toter Materie und primitiven Lebensformen hervorgegangen. Es war gerade umgekehrt. Und auch dies schilderte Rudolf Steiner wieder in umfassendster Weise.
In einer großen, kosmischen Entwicklung waren Mensch und Erde, lange bevor es überhaupt physische Materie gab und lange bevor der Mensch auch nur übersinnlich die heutige Gestalt hatte, in einer gemeinsamen Entwicklung gewesen. Das übersinnliche Menschenwesen, das zu Beginn noch *alles* in sich umfasst hatte, musste nach und nach etwas aus sich

heraussetzen, um sich selbst weiterentwickeln zu können. All das, was das Menschenwesen so nach und nach ausschied, wurde schließlich, lange vor dem Menschen selbst, physisch. So entstand das, was die heutige Naturwissenschaft ausschließlich als Evolution kannte.
Der Mensch aber erschien nicht deshalb zuletzt physisch in der Entwicklung, weil er aus den niederen Formen hervorgegangen war, sondern weil er diese aus sich herausgesondert hatte, um bis zuletzt geistig zu bleiben und sich zu dem zu entwickeln, was er war – und sich zuletzt in der für sein Wesen geeigneten Leibesform inkarnieren zu können.
Alle Lebensformen also, die unter dem Menschen standen, bis hin zur schließlich und lange schon toten Materie, hatten sich für den Menschen geopfert, waren vom Menschenwesen geopfert worden, damit es selbst die Entwicklung machen konnte, die notwendig war. Dies war eine kosmische Schuld, die so umfassend war, dass sie an die Grenzen der Vorstellung stieß. *Allem* gegenüber stand der Mensch in einer Schuld. Konnte er der ganzen Schöpfung gegenüber, die ihn umgab, auch nur einen winzigen Bruchteil jener Dankbarkeit empfinden, die das volle reale Erleben dieser Wirklichkeit auslösen würde?

Christian Morgenstern, ein enger Freund und Schüler Rudolf Steiners, war ein Mensch, der dieses Erleben tief, tief gehabt hatte. Man spürte seine Erschütterung und seine Sehnsucht unmittelbar, wenn man manche seiner Dichtungen und Gedanken auf sich wirken zu lassen vermochte. Noch kurz vor seinem allzu frühen Tod schrieb er zum Beispiel:
‚Hast du noch nie empfunden: es muß anders werden! Wenn du z.B. im Walde saßest und die lieben Bäume und Gräser um dich herum sahest, von denen dich doch so ein Weltabgrund der Nichterkenntnis schied! Was waren sie eigentlich, wo war ihre Seele, wo war der Punkt, in dem ihr euch brüderlich treffen konntet, nicht nur in dumpfer Liebe von deiner

Seite, sondern euch gleichsam ins gottgeschwisterliche Auge schauend? Wäre es nicht unsinnig, wenn es in einer Welt, so weit und verschwenderisch angelegt, immer so bliebe, nie anders würde? Muß es nicht anders werden? Und löst diese Not und Notwendigkeit nicht etwas in dir, das sagt: Ja, es muß besser werden, und ich will Tag um Tag dem Geist und den Geistern der Dinge entgegengehen, sind sie doch gewiß auch schon längst auf dem Wege zu mir.'

In diesen Worten lag so viel Liebe, so viel Sehnsucht, so viel ernstestes Streben! Und ein wunderbares Gedicht von ihm war dieses:

> Lächelt nicht, wenn Paulus spricht
> von dem Schrei der Kreatur.
> Selbst die harte Felsenflur
> wird einst wiederum zu – Licht.
>
> Menschenstoff ist, was ihr schaut,
> Stein und Kraut und Tier verblieb
> unserm Höherwuchs zulieb
> uns als Heimat unterbaut.
>
> Abgestoßne Menschenwelt
> ist die niedre Schöpfung, – Herz,
> Fühlst du nun des Tieres Schmerz,
> das ein blinder Waidmann stellt?
>
> Fühlst, warum dem Haupt voll Graun
> der Gekreuzigte entspringt?
> Was der Jäger niederzwingt,
> welch ein Welt-erschütternd Schaun?
>
> Ahnst, wie's stufenweis begann?
> Und wie Liebe ganz allein
> soviel ungeheure Pein –
> in Äonen – sühnen kann?

Paulus schrieb im Brief an die Römer, das ängstliche Harren der Kreatur warte darauf, dass die Kinder Gottes offenbar würden. Wer aber waren die Kinder Gottes – und wann wurden sie offenbar? Die Kinder Gottes waren jene Menschen, die nicht mehr aus dem Fleische, sondern aus dem Geiste geboren waren. Und *diese* Menschen schauten die tiefste, die göttliche Wahrheit. Sie schauten den Ursprung – die Schuld. Und sie schauten das Ziel – die Liebe. Alles, was der Mensch war, verdankte er dem, was nicht Mensch war. Und dies, was er geopfert hatte, was sich für ihn geopfert hatte, das wartete nun seit Äonen ... auf seine erlösende Tat. Ängstlich harrte die Kreatur darauf, dass die *Kinder Gottes* offenbar würden.
Konnte man hier nicht die tiefste Erschütterung empfinden – wenn man in die Welt blickte und sah, wie der Mensch dann dumpf und voller Unwissenheit über sich selbst und die Schöpfung, nicht einmal in dumpfer Liebe, sondern in dumpfer Lieblosigkeit, ja vielleicht sogar dumpfer Mordlust, ein solches Tier ... umbrachte?
Konnte man empfinden, was das tiefste, kreatürliche Empfinden des – in die Dumpfheit des bloß tierischen Empfindens gebannten – Tieres sein musste, das als Kreatur auf die Erlösung durch den Menschen, die Kinder Gottes, hoffte und stattdessen in seinem letzten Lebensmoment einem für dies alles blinden Waidmann ins Auge blicken musste? *Fühlst du nun des Tieres Schmerz?*
Dieser Schmerz war ein kosmischer Schmerz, der in aller Kreatur lebte, ein Schmerz, der schon äonenlang auf das wahre Offenbarwerden des Menschen wartete, auf die Kinder Gottes...

Was war der Mensch? Der kosmische Blick auf das wahre Werden des Menschen ließ nur zwei Möglichkeiten: Entweder diese Gedanken wurden vom eigenen Inneren abgewiesen und ließen ganz unbeteiligt, der Mensch konnte sich nicht zur geistigen Erkenntnis erheben, er blieb bei sich und seinen

Lieblingsgedanken und seinen keiner Schuld bewussten und bewusst sein wollenden Lieblingsgefühlen.

Oder das Herz erfüllte sich unmittelbar mit der erschütternden Erkenntnis des unsagbaren Opfers, vor dem der Mensch stand, von dem er umgeben war, in jedem Moment, und aus dieser Erkenntnis erhob sich dann das tiefe Empfinden der Schuld, in der der Mensch gegenüber aller Kreatur stand, und aus dieser dann eine tiefe, tiefe Liebe, die der Kreatur zuströmte, verbunden mit einem heiligen Willen, danach zu streben, mit aller Kraft an der Erlösung mitzuwirken.

Das Begreifen der wahren Wirklichkeit der Zusammenhänge brachte die Erkenntnis der erschütternden, alles Maß übersteigenden Schuld – und *sie* konnte wirklich eine gleichermaßen erschütternde Liebe im Mensheninneren entzünden...

In der Erkenntnis *dieser* Schuld konnte wirklich keine Selbstsucht bestehen, hier verbrannte sie im Feuer der Liebe, das an ihrer Stelle das Menschenherz zu erfüllen begann...

Und die Kreatur harrte auf das Offenbarwerden der Kinder Gottes.

Was war der Mensch? Und wie klein waren alle Gedanken über den Menschen! Wie würde man über den Menschen denken, wenn man einmal alles beiseite würde lassen können, was einen an das Gewöhnliche band? Was einen an die gewöhnlichen, profanen Gedanken fesselte, überhaupt an die Erde fesselte?
Wäre es nicht wunderbar, in einem Augenblick wie diesem all diese nach unten ziehende Profanität ablegen zu können und als Mensch gleichsam in einem reinen, weißen, leuchtenden Gewand dazustehen und leuchtende, heilige *Gedanken* zu haben? Wie wunderbar wäre es, wenn alle Menschenbrüder und Menschenschwestern gemeinsam dies vollbringen könnten! Ihre Gedanken zu heiligen...
‚Siehe, wie fein und lieblich ist es, wenn Brüder einträchtig beieinander wohnen...' Diese Sprache der Psalmen verstand man heute gar nicht mehr. Aber konnte man nicht zumindest noch ahnen, welches Empfinden des Wunders, des unendlichen Segens in solchen Worten lebte? Es war nicht geringer als das Wunder der alles erschütternden Liebe. Und dieses Erleben des Wunders mussten wir doch wiederfinden... Das Wunder der heiligen, innigen, sanften Erschütterung...

Siehe, wie lieblich, wie wunderbar wäre es, wenn die Menschen einträchtig vereint sich an heiligen Stätten versammeln würden, um, gemeinsam und jeder für sich, das heilige Empfinden, die heiligen Gedanken wiederzufinden, wieder zu erlernen, in einem heiligen Lernen, Erinnern, Neu-Finden...
Es gab heilige Stätten, auch heilige Bauwerke, etwa alte Kirchen, in denen vor langer Zeit Menschen noch viele Tage ihres Lebens hingegeben hatten, um das Einzelne wirklich schön zu machen, damit es die Seele zu Gott erheben könne – jede einzelne Säule, jedes Bild, jede Verzierung. Stein und Holz, die tote Materie verwandelte sich in Schönheit, um die menschliche Seele zu berühren und ihr in ihrer Sehnsucht

nach der göttlichen Welt beizustehen, auf dass sie weit ihre Flügel ausbreiten könne, sich wirklich erheben könne, frei werden könne von dem Bann der Erdenschwere.
Und dann gab es das, was diese heiligen Stätten beseelte – mit innerlicher, seelischer Schönheit. Es gab den Gesang, das Wunder der menschlichen Stimme... Wann hatte man zuletzt gehört, wie sich in einer solchen Stätte das Wunder eines heiligen Gesangs erhob und die irdischen Räume erfüllte, die empfindende Seele?
O, es gab so wunderbare Gesänge! Es war unbeschreiblich, den Eindruck wiederzugeben, den die Seele hatte, wenn sie an einer solchen heiligen Stätte hören durfte, wie die menschliche Stimme geheiligt den Raum durchleuchtete! Ein so wunderbarer, langsamer, schwebender Gesang wie das ‚Miserere', eine zeitlos-ewige Melodie. Der einundfünfzigste Psalm: Erbarme dich meiner, HERR, nach deiner großen Barmherzigkeit! Und dann erhob sich eine Frauenstimme in die höchste Höhe, wie eine Lerche bittend zu Gott fliegend, bei dem Wort ‚munda', reinige: und reinige mich von meiner Sünde...

In solchen Momenten verschwand alle gewöhnliche Welt. Es gab keinen Unfrieden auf Erden, es gab nichts Hässliches, es gab keine Gier, keinen Hass, keine Selbstsucht. Es gab nur noch dieses heilig schwebende Wunder des menschlichen Gesanges, diese heilige Offenbarung der reinen Seele – und aus dieser erhob sich für einen Moment die einzelne Stimme eines weiblichen Wesens, stieg bittend und in reiner Sehnsucht gleichsam noch über ihre Brüder und Schwestern hinaus, stellvertretend für sie alle...
Es gab keine Worte, die beschreiben konnten, welche Empfindungen die Seele dann hatte, haben konnte – bis ins Innerste berührt von der Heiligkeit der sie umhüllenden, in sie eindringenden Musik, Harmonie... Die menschliche Stimme

war selbst zum Gebet geworden, die Seele selbst wurde Gebet, wurde reinste Andacht, reinste Sehnsucht...
In solchen Momenten *fühlte* man, welche tiefe, unendliche Heiligkeit die Seele durchdringen könnte ... wenn das Empfinden, das die Seele dann hatte, nur würde erhalten werden können. In solchen Momenten *kannte* die Seele die Stimmung, in der sie eigentlich immer sein musste, wenn sie wahrhaft menschlich sein wollte, wahrhaft menschlich empfinden wollte, denken wollte.
Es war kein Verlust der Farbigkeit des Lebens, es war seine unendliche Vertiefung, wirklich unendlich ... die Schönheit und das Empfinden wurden so tief, dass Tränen aufsteigen konnten, weil das Herz überzufließen begann...
Konnte man *so* über den Menschen denken? So heilig, so schmerzlich schön, so liebend, so tief erkennend...?

Wenn man einmal so würde denken können – die ganze Welt würde sich verwandeln, würde wieder ein Paradies werden können. Würde der Mensch noch zu der Rettung seines Denkens kommen? Würde er es noch schaffen, sich des wahren Wesens seines Denkens bewusst zu werden – mit Hilfe der heiligen Stimmung der Ehrfurcht und der Sehnsucht nach Läuterung, nach Heiligung der Seele? Oder würde er diese Empfindungen ganz vergessen? Würde er das erschütternde Wunder eines ‚Miserere' ganz vergessen...?
Diesen Gesang zu hören, war so, wie wenn die Seele staubbeladen und mit schmutzigem Gewand an einen heiligen Quell kam, der durch frisches Blattwerk hindurch von der Morgensonne beschienen war. Und die Seele gab sich der Schönheit und Heiligkeit des Ortes hin, sie begann, voller Dankbarkeit und Ehrfurcht in den von jenem Quell gebildeten Teich zu steigen. Und das Wasser netzte die Füße, berührte die Fersen, nässte das Gewand ... und der ganze Mensch tauchte ein in das Wasser, das ihn von allem reinigte und sein Gewand wieder leuchtend rein wusch...

Konnte man wieder lernen, rein zu denken? In heiligen Gedanken und Gedankenbewegungen zu denken? Nicht profan, sondern in der Stimmung der Ehrfurcht, der Verwunderung, des Mysteriums und der unendlichen Schönheit?

Wie würde sich die ganze Welt verwandeln, wenn man so über den Menschen denken würde? Was würde dann das Verhältnis von Mensch zu Mensch werden? Von Eltern zu Kindern? Was würde aus der Erziehung werden, aus der Pädagogik...

*

Kinder waren nicht einfach ein biologisches Wunder, nicht einmal ihr Leib war nur ein solches. Wenn ein Kind geboren wurde, dann verband sich ein ewiges Geistwesen, eine Individualität mit dem Keim des Leibes. Ein *unendliches* Wunder ereignete sich: aus dem Reich des Geistes kam ein Wesen wieder zur Erde, wie ein Bote einer göttlichen Welt, und so war es wirklich...

Wie konnte man je anders darüber denken, wenn man *einmal* von so einem Gesang wie dem des ‚Miserere' ergriffen worden war? In diesem erhob sich die Seele in heiliger Sehnsucht zu jener Welt, die sie als göttliche ahnte. Und aus dieser Welt kamen, Boten gleich, die Kinder, die geboren wurden, so wie die Menschen, die starben und über die Schwelle des Todes gingen, in diese Welt zurückkehrten. Heiligkeit umwob diese beiden Schwellen – die des Todes und die der Geburt. Wenigstens dies empfanden die Menschenseelen doch noch wirklich und real...?

Der Tod, machtvoll, jedes Begreifen übersteigend und doch von einem tiefen Frieden begleitet. Die Majestät des Todes, gegenüber der man Ehrfurcht empfand ... weil sie in der Seele einfach aufstieg, wenn die Sphäre des Todes anwesend war...

Und dann die andere Ehrfurcht, die aufstieg, wenn die Sphäre der Geburt anwesend war ... wenn ein Kind geboren wurde, wenn es begann, als Bote der geistigen Welt, seinen Zauber auf Erden zu verbreiten, die Seelen zu berühren... Man spürte die Heiligkeit des sehr kleinen Kindes, weil die Seele die Heiligkeit jener Welt, aus der die Kinder kamen und die auch die geborenen Kinder noch immer umgab, noch unmittelbar erlebte – mochte das Denken denken, was es wollte.

Auch die etwas älteren Kinder waren ja noch immer von dem Zauber umgeben. Wer wollte den Zauber der Kindheit leugnen? Konnte man ihn nicht noch viel, viel tiefer verstehen, als ihn einfach nur der ‚Naivität' und ‚Unschuld' der Kinder zuzuschreiben und dies beides wiederum unendlich profan zu verstehen? Was wäre, wenn diese beiden Eigenschaften, Naivität und Unschuld, ganz real engelhafte Fähigkeiten waren – unendliche Fähigkeiten, an das Gute zu glauben und es durch das eigene Sein in jedem Moment auch in die Welt zu bringen?
Und dann die himmelstiefe Phantasie der Kinder! Was wäre, wenn dies ganz real engelhafte Fähigkeiten waren? Was wäre, wenn uns Erwachsenen jegliche Phantasie fehlte, die die Welt aber unendlich notwendig brauchte, um das wahrhaft Menschliche endlich Wirklichkeit werden lassen zu können?
Und wie aufrichtig waren Kinder! Offenbarten sie nicht immer, was sie empfanden und dachten? Wie menschlich, wie reich, wie lebendig, wie herzensgut wäre die Welt, wenn sie mit den Eigenschaften und den Fähigkeiten gestaltet werden könnte, die in den Kindern noch so reich und tief lebten!

Wenn man einmal tief zu *empfinden* versuchte, was in einem kleinen Kind wirklich *da* war – konnte man dann nicht wirklich das heftige Bedürfnis empfinden, alle gewöhnlichen, alle bisher angeeigneten Gedanken einmal weit, weit von sich zu werfen, um wenigstens einen einzigen Augenblick einmal

ganz *anders* zu denken, als man bisher sein ganzes Leben lang gedacht hatte?
Wenn man zu solchen, unendlich wahren Empfindungen kam, dann war es erschütternd deutlich, dass alle heutigen Vorstellungen über Kinder und Erziehung abstrakt und profan, falsch und furchtbar waren. Man mochte Kinder wie Kinder oder kleine Erwachsene behandeln – *alle* Vorstellungen waren falsch, die nicht jene heilige Sphäre mit einbeziehen konnten, aus der die Kinder kamen und mit der sie lange, lange noch verbunden blieben.
Kinder waren keine kleinen Erwachsenen. Obwohl sich in einem Kind eine ewige Individualität zu inkarnieren begann, war es furchtbar, mit einem Kind bereits wie mit einem kleinen Erwachsenen zu sprechen, weil man Kinder ja zur Selbstständigkeit erziehen wollte, auf gleicher Augenhöhe mit ihnen reden wollte und so weiter. Damit verstand man ein *Kind* nicht einmal im Ansatz.
Ebenso schlimm war es aber auch, ein Kind wie ein Kind zu behandeln und nicht im Geringsten zu empfinden, was ein Kind eigentlich war.

Diese Unkenntnis begann bei den Dingen und Geschenken, die man für die kleinen Kinder und schon die Babys kaufte. Man wusste nicht, was ein Kind war – und man wusste nicht, was ein Kind brauchte. Aber die Geschäfte waren voll mit bunten Sachen. Es war, als hätte die Spielzeugindustrie eine ganz eigene Logik, als wäre sie Expertin für Babys und Kinder. Und unzählige Menschen ließen sich dies auch suggerieren, und sie kauften und kauften... Dabei war diese Industrie nur eine Expertin für schlechten Geschmack und für absolutes Unwissen über das Wesen eines Kindes...
Kleine Kinder brauchten nur eins: Liebe. Liebe und Fürsorge. Das kleine Kind entwickelte seinen Leib, das Wunder seines Leibes. Und jeder einzelne Eindruck, den es aufnahm, wurde Teil dieser Entwicklung, wurde Teil seines Wachstums, Teil

seiner Gesundheit oder der Veranlagung zu späteren Krankheiten... *Alles* nahm das kleine Kind auf, jeden Eindruck: die Wärme der Sonnenstrahlen, die Wärme eines liebenden Lächelns. Die Schönheit der Natur. Die Geschmacklosigkeit von grellbuntem Plastikspielzeug.
Alles, was wir uns durch unseren Weg zu einem immer tieferen Empfinden der Qualitäten als seelisches Erleben erringen konnten, konnten wir nun zum Wohle eines kleinen Kindes einsetzen. Der moderne, abstrakte erwachsene Verstand erlebte keine Qualitäten mehr. Er setzte das kleine Kind Eindrücken aus, die für eine feiner empfindende Seele schlicht grausam waren. Seelenloses Plastik. Seelenlose Geräusche, seelenlose Eindrücke aus seelenlosen Apparaten, seelenlose Geschichten in seelenlosen Bilderbüchern mit seelenlosen Gestalten. Das Kind brauchte keine Glattheit, keine fertigen Bilder, keine babyhaft-kindischen Animationen – es brauchte Schönheit und Liebe, Wärme und Seele.
Das Schlimmste war, dass der erwachsene Mensch die Unterschiede überhaupt nicht mehr fühlte. Was nützte es, von Wärme und Seele zu sprechen, wenn der Mensch nur noch seinen abstrakten Verstand hatte oder benutzte und gar nicht *empfand*, was ‚Wärme' und ‚Seele' waren? Es ging um das Sanfte, Lebendige, zart Berührende *hinter* der Oberfläche. Aber wenn es nur Oberfläche gab, gab es keine Seele mehr.

Es ging um das Unfertige, das Weiche, das nur Angedeutete. Eine Stoffpuppe mit nur angedeutetem Gesicht war unendlich viel besser als eine Plastik- oder auch Stoffpuppe mit völlig ausgestaltetem Gesicht. Das Kind brauchte nicht die äußere Vollkommenheit in den Dingen, sondern es brauchte Seele... Und die Dinge waren um so tiefer beseelt, je unfertiger sie waren, denn *sie* konnte die Phantasie des Kindes selbst beseelen. Dies war ein inniges Mysterium, doch sogar der Erwachsene konnte dies doch noch empfinden? Die ganz und gar fertigen Dinge hatten keine Seele...

Auch die austauschbaren Dinge hatten keine Seele. Die alt gewordene, zerrissene Stoffpuppe war noch immer unendlich viel geliebter als eine neue, ‚schöne' Ersatzpuppe. Auch das musste man wieder empfinden lernen: was ein Kind mit den Dingen, die es liebte, wirklich verband. Es war ein Unendliches. Konnten wir uns noch an Einzelheiten aus unserer Kindheit erinnern? Konnte nicht eine einzelne Glasscherbe, am Rand des Gehwegs gefunden, ein kostbarer Schatz sein, den man jahrzehntelang aufhob? Ein Kind brauchte nicht viel, ein Kind musste in dem, was es hatte, etwas *erleben* können. Überfluss tötete das Erleben gerade... Wer jedes Mal etwas Neues bekam, besaß gar nichts mehr, die Seele wurde leerer und leerer, weil nichts mehr *besonders* war.

Wenn der Erwachsene der Hüter der kindlichen Seele und ihrer Empfindungsfähigkeit sein wollte, musste er von allen diesen Dingen ein tiefes Wissen haben – und all diesem Wissen gegenüber eine tiefe Ehrfurcht. Er musste seine heilige *Verantwortung* empfinden.

Jedes unbedachte Geschenk konnte in der Seele des Kindes etwas töten oder verlorengehen lassen, was sie vorher noch gehabt hatte... War es nicht oft so, dass man von einem leisen Zwang besessen war, einem Kind etwas schenken zu müssen, und dann gar nicht mehr aufrichtig empfinden konnte, was denn für ein kleines Kind eigentlich wahrhaft *gut* sein würde? Je weniger ein Kind in dieser Zeit des Überflusses bekam, desto mehr hielt es das, was es bekam, heilig, desto mehr *bedeutete* es ihm. Das wirkliche Empfinden von Bedeutung, von Glück, die Tiefe und Fülle des Erlebens – sie nahmen nicht mit der Fülle der Geschenke zu, sondern mit ihr nahmen sie ab...

Und was gehörte noch zu den tiefsten Erlebnissen, die ein Kind haben konnte? Das Staunen, das Erleben des Mysteriums... Wie würde ein Kind je einen Sinn für das Wunder bewahren können, wenn wir den Kindern diesen Sinn schon so

früh wie möglich austrieben – vielleicht, ohne dass wir es merkten?
Das kleine Kind nahm alles auf, was es um sich wahrnahm. So konnte es auch die Ehrfurcht und das Erleben des Mysteriums aufnehmen – oder schon sehr früh sehr viel davon verlieren. Kannten die Erwachsenen das Mysterium noch? Lebte in ihnen eine Ehrfurcht? Kannten sie die Gebetsstimmung? Kannten sie einzelne Handlungen, die sie mit tiefer Sorgfalt ausführten? Das Kind nahm *alles* auf...
Wenn man gemeinsam mit dem Kind vor der Weihnachtskrippe kniete und es unmittelbar deutlich war, dass man diese nicht berührte, weil auch von dem Erwachsenen selbst die Stimmung der Andacht und Bewunderung ausging, so war dies für das Kind ein tiefes Erleben. Solche Erlebnisse waren es, die ihm diese Stimmung der Ehrfurcht für das ganze spätere Leben retten würden. Solche Erlebnisse waren es, die zu den tiefsten, unauslöschlichsten Kindheitserinnerungen gehören würden...
Zu solchen Erlebnissen gehörte dann auch der Weihnachtsbaum mit echten Kerzen. Zu ihnen gehörte aber auch *alles*, was die Erwachsenen je mit wirklicher Ehrfurcht und Andacht taten.

Zum Mysterium gehörte aber auch alles, was ein Geheimnis war. Vielleicht nahm man das Kind einmal mit zu einer Überraschung, die es vorher noch nicht erfahren durfte – im Schulalter vielleicht in einen schönen Kinderfilm, den man vorher nicht verriet. Oder man konnte ein Kind in der Natur mit verschlossenen Augen herumführen und es vor einer schönen Blume oder Rindenzeichnung oder sonstigen Überraschung die Augen öffnen lassen. Alle solche Erfahrungen vertieften in der Seele die Fähigkeit, zu staunen, sich von Schönheit wirklich berühren zu lassen; abzuwarten, nicht alles als ‚fertig' zu nehmen; das Geheimnis und das Mysterium als Teil des Lebens zu bewahren...

Dazu gehörte auch, dass man vor einem Geburtstag oder vor dem Weihnachtsfest nicht einfach Wünsche erfüllte oder gar Wunschlisten ‚abarbeitete', sondern dass auch hier die wirklichen Geschenke Geheimnisse waren, Überraschungen. Wann immer es möglich war, sollte auch das Geheimnis, das Unerwartete, das Staunen Teil des Lebens werden dürfen. Dieses machte das Leben reich, gab ihm eine Tiefe, von der gerade Lebenssicherheit und Lebensfreude ausgingen. Es war die Sicherheit, dass es das Geheimnis gab – und das reichte letztlich bis in göttliche Höhen. Es war die Freude, dass das Leben jeden Tag Neues, Unerwartetes bringen konnte.

Und dann die Kräfte der Ehrfurcht selbst, umfassend verstanden... Wie innig konnte einem kleinen Kind ein toter Vogel leid tun, den man auf einer Wanderung fand? Aber wie reagierte dann der Erwachsene? Hielt er das Kind in einem profanen Schreck von dem toten Vogel fern? Oder kniete er neben dem Kind nieder und teilte sein Empfinden?
Worum ging es hierbei? Es ging um das Bewahren der unendlich tiefen Empfindungskräfte eines Kindes! Bewahrt werden konnten sie aber nur, wenn der Erwachsene auf sie eingehen, sie teilen, sie tragen und hüten konnte. Dafür musste er sich auch *selbst* immer ehrfürchtiger machen. Sonst würde alles, was er tat, dazu beitragen, dass das Kind all seine wunderbaren Kräfte viel, viel zu früh verlor...
In früheren Jahrhunderten hatten die Erwachsenen selbst noch sehr starke religiöse Empfindungskräfte – und die Kinder nahmen diese unmittelbar auf, indem sie sie miterlebten. Heute war es eher umgekehrt – heute wurden die Erwachsenen, die innerlich fast nichts mehr besaßen, von den Empfindungskräften der Kinder be- und gerührt. Aber dies war nicht genug, um den Kindern diese wunderbaren Kräfte zu bewahren. Der Erwachsene musste sich *selbst* wieder Kräfte der Ehrfurcht erringen.

Diese Ehrfurcht brauchte er auch, wenn er zum Beispiel Märchen vorlas. Auch das bloße Lesen, während er selbst von den Märchen eigentlich nichts mehr verstand und sie nur ‚wegen des Kindes' las, machte mehr kaputt, als er je bemerken würde. Ein Märchen, das man selbst nur für ‚ein Märchen' hielt, zerstörte auch im Kind ganz leise unbewusst den Glauben an die Märchen.

Aber die Märchen enthielten tiefe Wahrheit – es waren Bilder tiefer Wahrheiten der menschlichen Seele. Es waren Bilder, die eine mögliche Entwicklung der Seele zeigten. Viele Märchen waren auch Bilder für die Entwicklung der Seele vom Ungeborenen über das Kind zum Erwachsenen auf Erden, ein Erringen von neuen Fähigkeiten. Andere Märchen waren Bilder von der Läuterung der Seele und ihrer Fähigkeiten. Und viele Märchen waren beides...

Der ganze Schatz echter, wahrer Märchen war eine unendliche Kostbarkeit für die menschliche Seele. Und je mehr der Erwachsene sich bemühte, die Wahrheit dieser Bilder wirklich zu empfinden und tief in sie einzutauchen, desto mehr rettete er diesen einzigartigen Schatz auch für die Seele des Kindes. Die Märchenbilder konnten in einzigartiger Weise die wahre Schönheit der menschlichen Seele und des Weges ihrer Läuterung erleben lassen. Sie schenkten dem Kind nicht nur die Gewissheit, dass das Gute das Böse und Dunkle stets besiegen würde, sondern sie schenkten ihm auch die Ahnung davon, dass Entwicklung stets möglich war.

Und auch die Natur war für das kleine Kind noch ganz in das Mysterium eingetaucht. Wenn ein Kind fragte, wo die Sonne war, wenn sie untergegangen war, oder wo der Regenbogen anfing; wenn ein Kind unzählige Fragen fragte ... dann wollte es *nicht* die abstrakten, toten Antworten des erwachsenen Intellekts. Es wollte lebendige, beseelte Antworten. Es wollte hören, dass die Sonne jetzt schlafen ging. Es wollte Antworten, die der Seele durch ihre Wärme eine innige Zufriedenheit

schenkten. Es wollte Antworten, die ihm die Gewissheit schenkten, dass alles in der Natur belebt und beseelt war; die Gewissheit, dass das Wunder lebte, dass das Mysterium allgegenwärtig war. Und das war keine Naivität, es war die *Wahrheit*. Naivität war, zu glauben, dass unser erwachsener Verstand die volle Wirklichkeit erfasste.
Der Erwachsene *musste* sich die Ehrfurcht wieder erringen. Anderenfalls würde er gegenüber dem Kind alles falsch machen, alles vernichten und lähmen, was in dem Kind noch lebendig war und was uns doch gerade trotz all unserer Abstraktheit noch immer so tief rührte. Nur die Ehrfurcht konnte uns davor retten, unserem abstrakten Verstand zu folgen, der ganz in den Irrtum hineinführte – nicht nur dem Kind gegenüber, aber diesem gegenüber ganz besonders.
Wir brauchten die Ehrfurcht, und wir brauchten den Mut, für das Kind lebendige, beseelte Erklärungen zu finden, die *wahr* waren – wahr, weil wir uns selbst so viel Seele errungen hatten, um auch selbst daran zu glauben. Die Sonne *ging* am Abend im Meer und hinter den Bergen und hinter den Bäumen schlafen. Dies war die volle Wahrheit – und sie war kein Widerspruch zu dem, was wir im erwachsenen Verstand wussten. Wenn wir uns die wirkliche Ehrfurcht errangen, so waren beide Antworten wahr, aber das Kind konnte nur die eine vertragen, und diese war vielleicht sogar wahrer als die andere...

Dem Kind gegenüber und um des Kindes willen, brauchten wir eine tief lebendige, innige Phantasie, um uns wunderbare Geschichten auszudenken, in denen die ganze Natur nicht nur lebte, sondern beseelt war. In denen die Kristalle mit den Pflanzen und Zwergen sprachen, die Sonne mit den Wolken, die Schnecken mit den Gräsern und Pilzen...
Wir brauchten eine lebendige Ahnung davon, dass eine solche Phantasie Zugang zur Wirklichkeit fand, dass sie sich von der Wirklichkeit nicht entfernte, sondern sich ihr *näher-*

te. Eine Wirklichkeit, mit der das Kind noch viel enger verbunden war, weil es erst vor nicht langer Zeit aus der geistigen Welt zur Erde gekommen war. Geistig waren aber auch die Wesenheiten, die in der Natur wirkten – und die weise Menschen früherer Jahrhunderte teilweise noch als Elementarwesen hatten wahrnehmen können. Was man dann Zwerge, Gnomen und Elfen nannte, das waren *Imaginationen*, das war die Gestalt, in die sich diese Wesen kleideten, wenn sie sich dem übersinnlichen Bewusstsein offenbarten. Nicht physisch waren sie vorhanden, aber in der dem Physischen allernächsten übersinnlichen Sphäre. Und manches kleine Kind, das von der abstrakten Totheit des Intellekts noch nicht angegriffen war, konnte diese Wesen tatsächlich wahrnehmen.
Indem wir in lebendigen Geschichten alles in der Natur miteinander sprechen ließen und beseelten, retteten wir dem Kind diese Wirklichkeit, die wirklich da war. Wir retteten ihm die Gewissheit, dass nicht nur das Physische wahr war, nicht nur das Tote wahr war, sondern dass es vielmehr überhaupt nichts Totes gab, noch nicht...

*

In den ersten Lebensjahren lebte das kleine Kind ganz in der Nachahmung. Alles, was um das Kind war, wurde von ihm aufgenommen. Jeder Eindruck, jede Farbe, die Qualität und Gesinnung jeder Handlung – alles drang in das Kind ein und wurde Teil seines Wesens... Man konnte sich die Nachahmung nicht existentiell genug vorstellen. Das Kind ahmte nicht *bewusst* nach – sein Wesen ahmte mit der lebendigen Kraft eines geistigen Naturgesetzes alles nach, was da war.
Wenn der Erwachsene sich durch einen Eindruck im Innersten berührt fühlte, war dies auch etwas sehr Tiefgreifendes. Aber selbst dies war nicht vergleichbar mit der Tiefe, in die alle Eindrücke, die es umgaben, in das kleine Kind eindrangen. Wenn wir Erwachsenen sagten, ein Schreck sei uns in

alle Glieder gefahren, so war dies nicht einmal ansatzweise vergleichbar mit der Tiefe, in der starke Eindrücke das kleine Kind erschütterten und prägten. Ein einziger tiefer Schreck konnte in dem Kind für Jahre, ja das ganze Leben, eine tief sitzende Angst bleiben, die bis in den Körper hinein die ganze Leibesbildung beeinflusste, die Ausgestaltung der Organe, die Anlagen für spätere Krankheiten...
Nicht tief genug konnte man diese Realität ahnen, versuchen vorzustellen... Bis in die Organbildung hinein; nicht nur bis tief in die Seele, die noch gar nicht in dieser Weise da war, sondern bis tief in den Leib hinein...
Das kleine Kind war ein Wesen der Nachahmung. Die ganze Umwelt wurde ein Teil des Kindeswesens, gestaltete es mit, prägte es mit. Ob es in seiner Leiblichkeit gesund heranwuchs oder verschiedene leise Krankheitsdispositionen in seinen Leib mit aufnahm – es hing von seiner Umgebung ab. Ein jähzorniger, ein nervöser, ängstlicher oder hektischer Vater oder eine solche Mutter ließen das kleine Kind Angst, Nervosität und Hektik bis tief in den eigenen Leib aufnehmen, vollkommen unbemerkt, aber als absolute Realität. Und dort bildete nun nicht die Ruhe, die Wärme, die Geborgenheit die Organe ... sondern auch die Angst, die Nervosität, die Hektik. Die Organe wurden *anders*, als sie es sonst geworden wären; die ganze Physiologie, die Lebenskräfte, alles wurde davon mitgeprägt...

Ein kleines Kind wollte auch durch Nachahmung lernen. Wenn es zu spielen begann, so spielte es, was es um sich herum gesehen und aufgenommen hatte.
Und es liebte die Wiederholung. Wie oft konnte und wollte es dieselbe Geschichte hören! Es ermüdete noch nicht, es kannte die Langeweile noch nicht. Es lebte noch ganz in den Lebenskräften, die auch im Leib in fortwährendem Rhythmus alles erhielten und erneuerten. Und so konnte man mit dem Kind Lieder singen, kleine Tänze machen, Finger- und Klatsch-

spiele, die es einfach durch Wiederholung und Nachahmung in sich aufnahm – eintauchend in die Freude, die mit der Wiederholung verbunden war.
Es war völlig falsch, in irgendeiner anderen Weise dem kleinen Kind etwas ‚beibringen' zu wollen. Wozu auch? Das kleine Kind wollte gar nicht anders lernen – und es brauchte es auch nicht. Dem Spiel, der Phantasie, der Wiederholung, der Nachahmung – diesen Kräften war das Kind ganz hingegeben. Diese waren das wunderbare Glück der ersten Kindheit.

Doch immer früher wurde das Kind aus dieser herausgerissen. Immer früher wurde es in absolut nicht kindgerechte Zwänge hineingetrieben. Das Kind sollte etwas ‚lernen'. Man wollte es möglichst gut ‚fördern', man wollte es ‚frühfördern' und möglichst *noch* früher...
Würde man all das, was die Erwachsenen mit den kleinen Kindern taten oder versuchten, einmal ganz aus einem heiligen, schauenden Bewusstsein betrachten können, so würde man erschüttert sehen, wie sehr das Kindeswesen durch all diese Bestrebungen vergewaltigt wurde. Das eigene Wesen des Kindes trat man mit Füßen, und etwas ganz Anderes setzte man an dessen Stelle. Man zwang das Kind, zu lernen – und das Kind, mit dieser wunderbaren, heiligen Offenheit, diesem unendlichen Vertrauen zu allem, versuchte es auch, war vielleicht neugierig, tat sein Bestes, um es dem Erwachsenen Recht zu machen...
Es war diese allertiefste Gutwilligkeit und Folgsamkeit des kleinen Kindes, die ihm zum größten Verderben wurde. Denn durch diese Folgsamkeit, die *im Grunde* noch nichts in Frage stellte, was der Erwachsene tat, wurde dieser Erwachsene in seinem Irrglauben bestärkt und scheinbar bestätigt, er würde das Richtige für das Kind tun. Frühförderung und Lernen zum Wohle des Kindes.

Aber dieses Wohl bestand in etwas ganz Anderem... Es bestand darin, lange, lange zu warten und dem kleinen Kind möglichst lange die wirkliche, die wahre Kindheit zu lassen und sie ihm nicht wegzunehmen. ‚Frühförderung', das war so ein Wort, mit dem die Widersacher unendliche Macht bekamen. Für das angebliche Wohl des Kindes wurde ein erschütternder Angriff gegen die Kindheit selbst geführt. Für all diese Realitäten musste man wieder ein wirkliches, ein tiefes Empfinden entwickeln – sonst würde man nicht der Hüter des kleinen Kindes sein können; sonst würde man schon das kleine Kind wehrlos Mächten überlassen, die viel stärker waren als es selbst, und die nicht sein Wohl wollten, sondern das Gegenteil...

Der Angriff auf die frühe Kindheit begann schon, als man den Begriff der ‚Schulreife' aufgab. Früher wurde in Untersuchungen diese Schulreife festgestellt. Ärzte und Ärztinnen, die noch wussten, was mit diesem Begriff verbunden war, konnten genau beurteilen, ob ein Kind schon reif für das ganz andere Lernen war, das in der Schule auf das Kind zukommen würde. Und oft wurde ein sechsjähriges Kind noch zurückgestellt, weil die Schulreife noch nicht gegeben war – weil es in seiner ganzen Entwicklung noch in einem anderen Stadium der Kindheit war.
Doch dieser Begriff wurde seit einigen Jahren ganz aufgegeben. Es wurde nicht mehr auf das Kind geschaut, sondern es wurden starre Altersfristen gesetzt – als ob es die Realität der Schulreife gar nicht gäbe. Nun mussten alle Kinder zu einem bestimmten Zeitpunkt eingeschult werden, egal, ob ihre innere Entwicklung die Schulreife erreicht hatte oder nicht. Und nicht einmal vor dem Alter von sechs Jahren machte die Entwicklung halt. Oft bestand nun sogar schon die Pflicht, Kinder einzuschulen, wenn sie den sechsten Geburtstag noch gar nicht erreicht hatten.

In anderen Ländern mussten Kinder sogar schon generell mit fünf, mit vier, ja mit drei Jahren lesen und rechnen lernen. Es war eine Vergewaltigung, die hier stattfand. Das Wesen der Kinder wurde vergewaltigt, es wurde in einen Bereich hineingezwungen, der den Kindheitskräften diametral entgegengesetzt war, und man diente damit unmittelbar jenen Widersachermächten, die dem Christus-Wesen entgegenwirkten.
Man konnte dies den Menschen nicht äußerlich beweisen. Dies alles musste empfunden werden. Es gab Wege, zu diesem Empfinden zu kommen, aber es gab keine Möglichkeit, jenen Menschen einen guten Willen zu schenken, die diese Wege gar nicht gehen wollten. Erkennen konnte dies alles nur jeder Einzelne selbst, wenn er genug guten Willen hatte.

Wenn es wirklich um das Menschenwesen ging, musste man alle Fragen anders stellen. Für die wahrhaft gesunde leibliche und seelische Entwicklung brauchte das Kind wirklich die reine Zeit der Kindheit. Kindheit ... konnte man überhaupt noch heilig genug empfinden, was dies war? Es war keine Zeit des äußeren Lernens, es war eine Zeit der tiefgreifenden inneren Prozesse, des Wachstums, der Leibesgestaltung. Es war eine Zeit, in der so viel aufgenommen wurde, was später das ganze Seelenwesen prägen würde.
Ob man vor einem kleinen Käferlein staunend und mit tiefem Miterleben knien konnte; ob man ganz und gar eintauchen konnte in das eigene Spiel, in eine Geschichte; ob man lernte, das Schwesterlein oder Brüderlein liebzuhaben; ob in einem ein tiefes Lebensvertrauen wuchs, eine Empathie mit der Welt, vielleicht ein religiöses Empfinden, das im täglichen Abendgebet lebte ... all dies waren die erschütternden Entwicklungen, die das aufkeimende Seelenwesen durchmachte, wenn die Entwicklung von guten Kräften gehütet wurde.
Dies waren die wirklich wichtigen Entwicklungen; das, was das Menschliche im Menschen wie eine zarte Pflanze immer mehr wachsen und sich entwickeln ließ. Der *Mensch* wuchs

heran. Anderes war nicht wichtig – nur dies war es, und dies war alles entscheidend...

Aber die Kinder wurden in etwas anderes hineingezwungen. Sie wurden in das abstrakte, intellektuelle Lernen hineingezwungen. Man verlangte von ihnen, dass sie lesen lernten, dass sie rechnen lernten. Mit den abstrakten Buchstaben und mit den abstrakten Zahlen sollten sie umgehen. Und man sah nicht, was man damit anrichtete.
Der abstrakte Intellekt des Erwachsenen hatte kein Organ für die Folgen seines eigenen Tuns. Aber er war durchtränkt von Hochmut, wodurch der Erwachsene immer meinte, dass das, was er aus dem Intellekt heraus tat, nicht nur intelligent, sondern auch gut und weise wäre – aber er war blind, selbst für das Gegenteil.
Der abstrakte Intellekt war sich der eigenen Motive und der Folgen seiner Art, zu denken, unbewusst. Dieser Intellekt fand Erfüllung in dem Stolz über seine eigenen Gedanken, die immer Neues fanden – und sei es, die Atombombe, sei es Unkrautvernichtungsmittel, die alles Leben töteten, bis auf die eine Nutzpflanze, die zuvor gentechnisch verändert worden war. Der Intellekt hatte keine Verbindung zu moralischen Empfindungen, er hatte nur noch Verbindung zu einem kalten Stolz über seine eigene Fähigkeit – und dies war die ideale Voraussetzung für eine unheilige Allianz mit Machtimpulsen aller Art.
Mit Hilfe dieses so korrumpierten Intellekts waren die Widersachermächte schon sehr, sehr weit darin gekommen, den Menschen von seinem wahren Wesen ganz abzubringen. Man glaubte gar nicht mehr und man *empfand* gar nicht mehr, dass menschliche Entwicklung noch in etwas Anderem bestehen könnte als in einer Art äußerem Fortschritt an sich. Man empfand nur noch das Äußere, nicht mehr das Wesen des Menschen.

Aber der Mensch war etwas Anderes als der äußere Fortschritt. Der Mensch war das Wesen, das sich *innerlich* entwickeln konnte und dies in seinem innersten Wesen auch zutiefst wollte. Das Innere war das Entscheidende am Menschen. Technik, Wissen, äußere Entwicklung – das war ein Nebenschauplatz der wahren Menschheitsentwicklung. Es ging um die Frage, ob der Mensch sein *Wesen* verlieren würde, oder ob er gerade dieses würde retten können, um es immer weiter zu entwickeln. Und diese Entwicklung bedeutete keine Entwicklung im Linearen, wie aller technischer Fortschritt. Sondern sie bedeutete eine Vertiefung.
Innere Entwicklung war etwas völlig Anderes als äußerer Fortschritt. Innere Entwicklung war Vertiefung. Innere Entwicklung war Verwandlung, war Geburt neuer Qualitäten, eines neuen Wesens des Moralischen im unmittelbarsten Sinne. Innere Entwicklung war die Frage nach dem Wachstum der Liebe und einer von Liebe durchdrungenen Weisheit.
Das war innere Entwicklung, das war Menschwerdung im realsten Sinne. Deswegen war der Mensch auf Erden. Dies war der Weg, den er gehen konnte. Dies war die Entwicklung, die er entfalten konnte. Die äußere, technische Fortentwicklung war unwesentlich, sie war letztlich die allergrößte Ablenkung.

Aber gerade von dieser eigentlichen Entwicklung wurde schon das kleine Kind fortgerissen, wenn es in das abstrakte Lernen hineingezwungen wurde. Schon hier wurde gegenüber dem Kind das Programm vertreten, dass es *nicht* um die wahre Menschwerdung, nicht um Liebe und Weisheit, nicht um sein *Menschen*wesen ging, sondern um die abstrakten Fähigkeiten und ‚Kompetenzen', die die Erwachsenen vorgaben. Um ‚Schlüsselkompetenzen' ging es, aber nicht um das wahrhaft Menschliche. Die ‚Schlüsselkompetenzen' und alle anderen suggestiven Begriffe stellten sich vor dieses wahrhaft

Menschliche, machten es unsichtbar, ließen es unwesentlich und allenfalls naiv und lächerlich erscheinen.
Einwände lauteten dann, dass es um ‚das Menschliche' ja doch auch ginge, dass das ja nicht aus-, sondern eingeschlossen sei. Ja, abstrakt konnte man das immer so sehen. Natürlich wurden nicht Maschinen ausgebildet, sondern lebendige Wesen. Natürlich ging es auch um Fragen des sozialen Miteinanders. Und doch war die entscheidende Frage: Was hatte das absolute Übergewicht... Und wurde nicht selbst das ‚Soziale' immer abstrakter und halbherziger verfolgt?
Lebte denn in der Schule ernsthaft die Kraft der Liebe? Konnte sie in einer solchen Umgebung unter all den gegebenen Voraussetzungen überhaupt gedeihen? Lebte sie in dem einzelnen Lehrer? Wie müsste das ganze Lernen gestaltet sein, wenn es vor allem um die Kraft der Liebe ginge? Liebe zum Mitmenschen, Liebe zur Welt, Liebe zum Lernen, wirkliche Liebe...?

Doch solche grundlegenden, essentiellen Fragen wurden ja überhaupt nicht gestellt – aber das Kind wurde in das abstrakte Lernen hineingetrieben. Und man sah nicht, dass man ‚nicht zwei Herren dienen konnte'. Man sah nicht, dass das, was man auf der einen Seite herbeizwang, die allerwesentlichsten Kräfte an anderer Stelle schwächte und vernichtete.
Dies betraf zum einen die wahrhaft menschliche, die innere, die vor allem moralische Entwicklung. Das intellektuelle Lernen grub gleichsam unmittelbar einen Keil in allen wirklich menschlichen Entwicklungswillen. Von Tag zu Tag war die Botschaft nun: Nicht die menschliche Entwicklung ist wesentlich, sondern die rein intellektuelle Entwicklung. Nicht dein Wesen ist wichtig, sondern dein Intellekt. Nicht deine Herzenskräfte, sondern nur dein abstraktes Denken.
Aber das intellektuelle Lernen, das schon mit dem Lesen- und Schreibenlernen begann, schwächte nicht nur unmittelbar die Herzenskräfte. Es schwächte auch die Willenskräfte.

Würde der Mensch all dies einmal wirklich erlebend erkennen, er würde erschüttert vor den Folgen seiner eigenen abstrakten Erziehungsprogramme und Vorstellungen stehen. Noch immer war die Menschheit völlig blind für ihre eigenen entscheidenden Kräfte. Noch immer wusste man überhaupt nicht, wie man den Willen stärkte, wie man die Willenskräfte nährte...
Nur auf das Denken richtete man in aller Bildung den Blick – und hier fast ausschließlich auf das abstrakte Denken. Dass aber auch hier die Betonung des abstrakten Denkens auf der anderen Seite unmittelbar den Willen lähmte und schwächer machte, das sah man nicht, erkannte man nicht, empfand man nicht, ahnte man kaum. Es gab keine Schule für den Willen, es gab nur eine Schule für das abstrakte, erwachsene Denken.

Und das, was man in dieser Weise abstrakt schon von den sechs-, fünf-, vier-, ja dreijährigen Kindern forderte, das lähmte, schwächte und vernichtete nicht nur das Fühlen, nicht nur den Willen, sondern auch etwas noch viel Grundlegenderes. Aber konnte es überhaupt etwas geben, was noch grundlegender war? Ja, und dies waren wiederum die Lebenskräfte selbst.
Eine abstrakte, biologistische Sichtweise auf den Menschen verstand diese Lebenskräfte nicht im Geringsten. Sie verstand ja nicht einmal das Mysterium der Willenskräfte. Sie begann allenfalls in ihren neuesten Forschungen, zu ahnen, wie sehr die Gefühls- und Willenskräfte mit der ganzen Gesundheit des Menschen zusammenhingen. Aber von den Lebenskräften *selbst* hatten sie noch immer nicht die geringste Erkenntnis.
Das abstrakte Lernen aber griff *unmittelbar* auch die Lebenskräfte an. Das Lernen mit Hilfe des Gehirns und des an das Gehirn gebundenen abstrakten Intellekts arbeitete mit einem Abbau von Lebenskräften. In gewisser Weise konnte man sagen, es arbeitete mit Todeskräften. Deswegen machte das ab-

strakte Denken müde, deswegen musste man sich davon immer wieder erholen.

Der Erwachsene merkte diese Zusammenhänge vielleicht kaum noch. Aber die Erstklasslehrer wussten, wie schwer es Kindern fiel, sich für das Lernen mit einem abstrakten Denken zu konzentrieren – sie konnten es überhaupt nur für *Minuten* ... und waren am Ende unendlich erschöpft. Lebendiges Spiel und Phantasie lebten ganz mit den Lebenskräften, sie machten nicht müde. Abstraktes Denken und Lernen mit diesem Denken lebte *von* den Lebenskräften, es baute sie ab... Es war kein Zufall, dass es solche Bilder und festen Vorstellungen wie die des ‚grauen Buchhalters' gab – oder die des bis ins hohe Alter gesunden und lebendigen Künstlers.

Natürlich musste der Mensch auch das abstrakte Denken beherrschen können. Und in einem bestimmten Zeitpunkt der menschlichen Entwicklung erwachte auch ein reales Interesse an diesem Denken. Doch dieser lag nicht in der Kindheit, und er lag schon gar nicht am Beginn der Schulreife oder noch davor. Das kleine Kind brauchte dieses abstrakte Denken nicht – sondern dieses war gerade Gift für seine ganze Entwicklung. Für seine Empfindungskräfte, für seine Willenskräfte und sogar für seine Lebenskräfte...
Vielleicht würden spätere Generationen einmal in Wahrheit herausfinden, wie sehr die ganze Entwicklung der Menschheitsgeschichte und auch der modernen ‚Zivilisationskrankheiten' davon beeinflusst war, dass man schon mit sechs, fünf, vier, ja drei Jahren lesen und schreiben lernen musste, und dies auf ganz abstrakte, unlebendige Art und Weise. Wie tiefgreifend die Auswirkungen dessen waren, dass man schon den kleinen Kindern unendlich viel von ihrem Fühlen, ihrem Wollen und ihrem Leben nahm.

*

Dann kam die erste Schulzeit. Diese begann mit der wirklichen Schulreife. Sie hatte mit dem Zahnwechsel zu tun. Indem der Mensch diese härteste Substanz des ganzen Leibes zum zweiten Mal bildete und die ganz andersartigen Milchzähne ausstieß, kam eine bestimmte Phase der Leibesbildung zum Abschluss. Und *von nun an* wurde ein Teil der Lebenskräfte frei, der in das Lernen hineinfließen konnte; der sich dem Denken widmen konnte, das auf den Abbau von Lebenskräften angewiesen war. Gerade damit hing die Schulreife zusammen. Ein bestimmtes Denken wurde jetzt erst geboren – und dadurch *wurde* das Kind schulreif.
Natürlich konnte man, wenn man es erzwang, auch kleineren Kindern schon etwas ‚beibringen'. Aber dies war vergleichbar dem Vorgang, durch den man Pflanzen zwang, schneller zu wachsen. Sie taten es zwar, getrieben von chemischem Dünger, aber sie wurden innerlich schwächer, sie verloren ihren Geschmack, ihre eigentliche Lebenskraft. Auch hier ging das innere Wesen verloren.
Eine Gestaltung der Entwicklung, in der es wirklich um das Kind ginge, würde all diese Gesetzmäßigkeiten beachten wollen. Sie würde sie überhaupt erst einmal immer tiefer empfinden und entdecken wollen. Man würde als erwachsener Mensch in sich den Willen entwickeln, sein eigenes Erkennen und Empfinden überhaupt erst einmal in ausreichender Weise zu vertiefen und zu heiligen ... um auch nur die *Möglichkeit* zu haben, das Richtige tun zu können.

Was war das Kind im Schulalter? Der Zahnwechsel bedeutete den Beginn jener Phase, in der ein Teil der Lebenskräfte für das Denken allmählich frei zu werden begann. Er bedeutete nicht den Beginn einer Phase, in der das abstrakte Denken mit voller Wucht auf das noch immer kleine, junge Kind einstürzen durfte, um es unter sich zu begraben. Denn es war und blieb so: dieses Denken arbeitete mit Todeskräften, es baute die Lebenskräfte ab.

Was war das Kind im beginnenden Schulalter? Dazu musste man sich nur einmal einen siebenjährigen Jungen, ein siebenjähriges Mädchen, oder ein neunjähriges Mädchen, einen zehnjährigen Jungen vor das innere Auge stellen. Jedes Jahr war Entwicklung, war Veränderung. Und doch stand die ganze Kindheit auch in diesen Jahren noch immer unter einem bestimmten Zeichen. Und dies war nicht die graue Flagge des abstrakten Intellekts – es war noch immer der bunte Wimpel des blühenden Lebens...

Wenn man das Erleben des wahrhaft Menschlichen immer mehr vertiefen wollte, dann musste man für all dies einen inneren Sinn entfalten, der dafür tief empfindsam war, der davon tief berührt wurde. Es musste einem als Unmöglichkeit erscheinen, einem siebenjährigen Jungen, einem neunjährigen Mädchen mit dem abstrakten Intellekt zu begegnen. Und dies galt auch noch für die darauffolgenden Jahre. Die lebendige Kindheit, die einem hier entgegenkam, musste es einem unmittelbar als Vergehen erscheinen lassen, dieses aufblühende Leben mit dem Intellekt zu ertöten.

Und die Kinder zeigten es einem selbst. Ihr eigenes Wesen revoltierte gegen jede Abstraktheit. Ja, man konnte eine ganze Klasse disziplinieren und an das Lernen in dieser Art gewöhnen. Es ging immer weniger, aber es ging – mit den richtigen Druck- und Machtmitteln ging es. Doch wer mit Druck unterrichten musste, bewies bereits, dass er *gegen* das Wesen der Kinder unterrichtete...

Was war das Kind im zweiten Jahrsiebt seines Lebens, in der Zeit von der Schulreife bis zur Pubertät? Es war blühendes Leben, reines Leben – und dieses reine, blühende Leben hatte eine innige Sehnsucht nach *Schönheit*.

Die kindliche Seele, die noch schlief, hatte ein tiefes Bedürfnis danach, dass alles in Schönheit getaucht war. Aus der ersten Kindheit, in der noch die Welt der Märchen gelebt hatte, kam das Kind herüber mit dem festen Glauben an das

Gute; mit einer tiefsten Beziehung zum Guten. Nun wandelte sich das Kindeswesen in ein tiefes Bedürfnis nach Schönheit. Alles, was der Erwachsene schön und künstlerisch gestaltete, das wurde von der kindlichen Seele wie ein Schwamm lebendig empfangen und aufgenommen. Schön musste sein, was man tat! Schön mussten die Bewegungen sein, schön die Bilder, schön die Räume. Schmücken, Verschönern, schön gestalten – die Welt musste schön sein! Das war das innige Bedürfnis des Kindes in diesem Alter.
Auch dies durfte man nicht nur äußerlich verstehen. In einer Geschichte durfte auch das nicht so Schöne vorkommen. Aber es musste aufgenommen sein in das Reich der Schönheit. Der ganze Gang der Geschichte musste so sein, dass er in sich ‚schön' war. Und nicht nur der Gang der Geschichte, auch der Gang des Unterrichts, die Gestaltung von allem. Nicht nur um äußere Schönheit ging es. Es ging vor allem um innere Schönheit, um innere Melodie, um innere Harmonie.

Konnte man fühlen, dass der ganze Unterricht dann eine ganz andere Gestalt haben würde? Konnte man fühlen, was dies war – dieses tiefe Bedürfnis des Kindes nach Schönheit? Konnte man hier wiederum tief das wahrhaft Menschliche empfinden – und die Entwicklungsstufe des Kindes in diesem Alter?
Der erwachsene Mensch hatte diese tiefe Sehnsucht nach Schönheit sehr weitgehend verloren – aber er konnte sie wiederfinden, wenn er es wollte. Nur musste er, wenn er das Kindeswesen verstehen wollte, all seine Abstraktheit ablegen. Dem Wesen des Kindes in diesem Alter war das Bedürfnis und die Sehnsucht nach Schönheit tief, tief eingeschrieben. In seinem ganzen Wesen *lebte* dieses Bedürfnis – und man musste es wirklich als ein Vergehen, einen Gewaltakt empfinden, wenn man ihm diese Schönheit vorenthielt, wenn man es mit etwas ganz Anderem konfrontierte...

Schönheit, Rhythmus, Melodie und Harmonie – der ganze Unterricht konnte nicht so bleiben, wie er war. Er musste musikalisch werden, im *inneren* Sinne, künstlerisch, im inneren Sinne. Er musste lebendig werden, atmen – der ganze Unterricht musste ein lebendiger Organismus werden. Der Lehrer und auch der Vater, die Mutter, sie mussten ein Empfinden für lebendige Gestaltungen entwickeln. Abstraktheit war tot. Wie aber konnte dann das ganze Leben und das, was man mit den Kindern tat, zu etwas Lebendigem werden? Zu etwas, was lebte und atmete – und was noch dazu Schönheit atmete, von Melodie und Schönheit durchdrungen war...?

Dafür konnte man sich ein immer lebendigeres Empfinden aneignen, wenn man sich tief auf das Wesen des Kindes besann, wenn man sich in dieses Wesen einlebte ... und wenn man sein eigenes Empfinden für Schönheit, für lebendigen Rhythmus, für die Harmonie des Lebendigen selbst immer mehr vertiefte.

Und dann, wenn man dies tat, wurde man selbst auch dasjenige, was das Kind in diesem Alter außerdem noch suchte: die geliebte Autorität.
Auch einem solchen Begriff gegenüber musste man alle Vorurteile fallenlassen, um wirklich zu erleben, was damit gesagt war. Denn die *geliebte* Autorität war nicht graduell von der ungeliebten Autorität verschieden, sondern diametral. Der letzteren folgte das Kind, weil es musste, der ersteren aber, weil es *wollte*. Der ersteren flog das Herz des Kindes zu, und dies war das Geheimnis dieser zweiten sieben Jahre der Kindheit: Dass das Kind in dieser Zeit ein Bedürfnis nach Autorität hatte, aber dass es diese Autorität lieben wollte.
Man war versucht, das Wort ‚Vorbild' zu bevorzugen. Aber Vorbild und Nachahmung war das Prinzip der frühen Kindheit. Jetzt trat an die Stelle der unmittelbaren Nachahmung eben das Prinzip der Autorität. Natürlich war der Erwachsene

für das Kind dadurch ein Vorbild. Aber das Kind selbst erhob den Erwachsenen, den es als Vorbild sah, in den Rang einer Autorität. Das Kind *wollte* zu dem Erwachsenen aufblicken. Selbst noch in der Jugend konnte man Vorbilder haben, aber das war dann ein ganz freies Verhältnis. Das Kind zwischen Schulreife und Pubertät stand zwischen der vollkommen unmittelbaren Nachahmung von allem und der völlig freien Nachfolge eines Vorbildes in der Mitte. Es ahmte nicht mehr unmittelbar nach, und es folgte auch nicht in völliger Freiheit – es folgte der Autorität, und diese liebte es, wollte es lieben, sehnte sich nach einer solchen Autorität, die es lieben konnte.

Ein Kind in diesem jungen Alter konnte gar nicht anders, als zu den Erwachsenen aufzublicken. Wenn es in die Schule kam, war dies noch ganz und gar ausgeprägt. Gerade erst hatte es jene Zeit hinter sich gelassen, in der es unmittelbar in der Nachahmung gelebt hatte. In vielem lebte es noch immer darin. Aber in jedem Fall waren die Erwachsenen Menschen, die alles konnten, alles wussten – man wollte auch so werden. Man wollte lernen, man wollte das auch irgendwann können, was die großen Menschen konnten...

Man musste den Begriff der ‚Autorität', wie er vom Kind erlebt wurde, wirklich von allem entkleiden, was der Erwachsene damit verband. Der Erwachsene wollte von Gleich zu Gleich leben, und dies begann schon in der Pubertät. Aber das Kind, das wirklich noch Kind war, das lebte vollkommen entgegengesetzt: Es brauchte die Autorität wie die Luft zum Atmen. Dies war nicht vom Erwachsenen aus gedacht, sondern vom Kind aus. Wenn ein Erwachsener gesagt hätte: ‚Dieses Kind braucht einfach eine Autorität' wäre der Unterton bereits ein völlig anderer. Aber das Kind *selbst* hatte sehr wohl ein tiefstes Bedürfnis danach, Erwachsene als Autorität sehen zu können.

Auch hier wieder konnten die Erwachsenen unendlich viel falsch machen. Sie konnten sich ‚auf die Ebene des Kindes' begeben und ‚auf Augenhöhe' mit dem Kind sprechen wollen. Diese Erwachsenen versuchten dann meist auch, dem Kind alles so zu erklären, wie man es einem kleinen Erwachsenen erklären würde. Sie verstanden nicht, dass ein Kind wirklich noch *Kind* war und auch in diesem Alter noch nicht die Antworten eines Erwachsenen haben wollte und vertragen konnte.

Es gab zwei verschiedene Arten ‚auf Augenhöhe'. Denn der andere Fehler war, das Prinzip Autorität abstrakt zu nehmen und sich nun in gefühlter Autoritätshaltung, im Bewusstsein seiner Macht und so weiter, über das Kind zu erheben. Das war das Prinzip Autorität im alten Sinne. Aber darum ging es ebenfalls nicht.

Worum es ging, war, eine natürliche Autorität zu haben oder zu entwickeln. Dann brauchte man sich nicht über das Kind zu erheben, dann konnte man das Kind innerlich ganz lieben und achten – und trotzdem blickte das Kind zu einem auf. Das Kind *sehnte* sich nach der Autorität, die man hatte, die man lebendig hatte. Und man hatte sie gerade dann lebendig, wenn das Kind einem sein Herz schenkte und der so geliebten Autorität willig folgte.

Das war das Geheimnis der zweiten sieben Jahre. Sehnsucht nach Schönheit – und nach jener geliebten Autorität, die einem die ganze Welt in Schönheit, Lebendigkeit und lebendigem Rhythmus nahebrachte.

Das Wesen des Kindes verstehen, verständnisvoll mit dem Kind umgehen und mit ihm zusammenleben, und die *Welt* verstehen, in den Augen des Kindes viel wissen und viel können – dies beides in seiner lebendigen Durchdringung und schönen Gestaltung war das Geheimnis, das einem diese natürliche Autorität gab, der das Herz des Kindes zuflog.

Man brauchte einfach ein lebendiges Empfinden, was diese Autorität umfasste – in jedem einzelnen Alter. Ein siebenjähriges Kind, das alles immer gefragt wurde: was es anziehen wolle, was es essen wolle, was es heute machen wolle und so weiter, und so weiter, wurde wiederum eigentlich um seine Kindheit betrogen. Die unsicheren Eltern begriffen gar nicht, was sie eigentlich taten und wie schlimm dies für das Wesen des Kindes eigentlich war. Aber was sie taten, war: Sie behandelten das Kind in falscher Weise ‚auf Augenhöhe'. Im Grunde machten sie das *Kind* zur Autorität – nach der sie sich in allem richten wollten. Es war eine falsch verstandene Freiheit, die einem Kind schon sehr früh das nahm, was es eigentlich am allermeisten ersehnte: die natürliche Autorität des Erwachsenen.

Ein Kind, das in allem nach seinem ‚Willen' gefragt wurde, würde in nur wenigen Jahren anfangen, mit diesem noch überhaupt nicht wirklich frei und reif gewordenen Willen seine Umwelt zu tyrannisieren. Und es würde leise oder auch immer deutlicher seine Eltern verachten, die ja überhaupt keine Autorität, nicht einmal einen eigenen starken, deutlichen Willen hatten. In welcher Hinsicht konnte es denn überhaupt noch zu seinen Eltern aufblicken, wenn diese ihm immer ‚auf Augenhöhe' begegneten?

Es war keine Freiheit, die man dem jungen Kind damit schenkte. Es war der Keim zur Willkür und zur Unfreiheit, auch gegenüber sich selbst. Ein Kind, das in dem Alter, in dem es der geliebten Autorität folgen wollte, schon ‚Freiheit' entwickeln musste, musste etwas wie seinen ‚Willen' schon zu einer Zeit entfalten, wo dieser noch überhaupt nicht reif dafür war. Der Wille war noch nicht frei. Er konnte sich also nur mit einem zu starken Selbstbezug und Egoismus verbinden, der so ebenfalls geweckt wurde. Das Ergebnis dessen war nicht Freiheit, sondern Willkür und im Grunde Willensschwäche...

Man nahm dem Kind so das Wichtigste, was es in diesem Alter haben konnte: eine geliebte Autorität. Und man stieß es in etwas, das es in diesem Alter noch gar nicht haben wollte: einen absolut eigenen Willen. Gerade diesen wollte es in seinem tiefsten Inneren noch gar nicht. Wenn es dennoch dazu gezwungen wurde, waren Unsicherheit und Willkür, Selbstbezug und Egoismus ohne jede Orientierung die allmähliche Folge. Auch in dieser Weise nahm man dem Kind seine wirkliche Kindheit. Es war eigentlich ein furchtbares Geschehen...

Kinder, die so aufwuchsen, wurden viel zu schnell in eine Reife gezwungen, die sie noch gar nicht hatten – sie wurden ‚frühreif'. Und zwangsläufig mussten sie dann früher oder später die Erwachsenen verachten, denn was hatten diese ihnen noch zu geben? Wenn sie schon im zarten Kindesalter mit den Erwachsenen auf Augenhöhe waren, dann hatten sie sie spätestens mit der Pubertät weit überflügelt. Und dann mussten sie die Erwachsenen einfach verachten, ob sie wollten oder nicht. Es war ihnen durch das ganze Verhalten der Erwachsenen einfach anerzogen worden.

Eine verachtende Jugend und eine verlorene Kindheit – das war die natürliche Konsequenz eines Verhaltens von Erwachsenen, die auf alle natürliche Konsequenz verzichten zu können oder zu sollen glaubten.

Natürliche Konsequenz – das war genau das, was eine natürliche Autorität ausmachte. Was sollte man tun, wenn das Kind ein Theater begann, weil es diese Jacke nicht anziehen wollte, während die andere in der Wäsche war? Nun, dann musste es, wenn es wirklich partout nicht wollte, eben ohne Jacke mitkommen und frieren. Das war die natürliche Konsequenz seines Verhaltens...

Nicht um Wutausbrüche oder willkürliche Maßnahmen des Erwachsenen ging es, sondern um die einfache, natürliche Folge des Verhaltens des Kindes. Und das Kind begriff dies

sehr schnell. Unbewusst begriff es nach wenigen Malen unmittelbar, dass es einen solchen Erwachsenen nicht tyrannisieren konnte. Denn Willensregungen hatte das Kind natürlich. Es begriff nur die ganzen Zusammenhänge noch nicht. Es begriff noch nicht, was Willkür war, was Tyrannisieren war, was Selbstbezug und Rücksichtslosigkeit war. Es begriff noch nicht, was Verzicht und Geduld war, was Verständnis und Flexibilität, Kompromisse und Nachgeben waren. All das begriff es nicht – aber wenn der Erwachsene sich nicht tyrannisieren ließ, sondern selbst in seinem Verhalten ganz klar blieb, lernte das Kind all dies am *Leben*, unbewusst. Es bildeten sich die richtigen, die guten, die menschlichen Gewohnheiten und Charakterzüge.
Hatte der Erwachsene die innere Klarheit jedoch nicht, dann lernte das Kind nur eins: dass es mit seinen noch völlig unkontrollierten und unfreien Willensregungen den Erwachsenen verunsichern konnte und in die Hand bekam. Auch dies verlief unbewusst, aber nicht minder sicher.
Es lag ganz und gar in der Verantwortung des Erwachsenen, in welche Richtung die Entwicklung gehen würde. Entweder er würde dem Kind nachgeben – oder er würde ihm die Kindheit retten...

Das bedeutete nicht, dass man nie auf das Kind eingehen durfte. Es ging darum, das *Wesentliche* zu erfassen. Manche Eltern stellten sich vielleicht noch hin und begannen, die andere, noch auf der Wäscheleine hängende Jacke trocken zu fönen, damit das Kind seinen Willen bekam... Man musste einfach empfinden, dass man auf diese Weise den Tyrann im Kinde erzog, nicht aber das wahre Wesen des Kindes, das sich nach klaren Erwachsenen sehnte, die für es die geliebte Autorität bleiben konnten – auch und gerade da, wo es einmal schwierig wurde...
Die vielleicht schönste Bestätigung dieser Realität erhielt man fast immer unmittelbar. Denn immer wieder, wenn ein

solcher Willkür-Ausbruch des Kindes an der inneren Klarheit des Erwachsenen seine Grenze fand, kehrte das Kind zurück in das andere Kindsein. Der Erwachsene meinte schnell, dass ein solcher Konflikt – der *ihn* manchmal aus Mangel an inneren Kräften an die Grenze des Aushaltbaren brachte – das Kind vielleicht unversöhnlich oder aufsässig machen könnte. Doch das Gegenteil war der Fall. Wann immer der Erwachsene seine Klarheit und innere, friedvoll-natürliche Stärke bewies und einfach kurz erklärte, was die natürlichen Konsequenzen waren oder wären, verflog der Willensausbruch des Kindes meist sehr schnell wieder, und das Herz des Kindes flog nach kurzer Zeit dem Erwachsenen *um so inniger* wieder zu.

Man musste diese Erfahrung vielleicht wirklich selbst machen, um sie glauben zu können. Aber gerade sie war der Beweis dafür, dass die stärkste Sehnsucht des Kindes nicht die noch nasse Jacke war, sondern die Autorität des Erwachsenen, die immer wieder neu geliebt wurde...

Dem musste natürlich ein *wirkliches* Verständnis für das Kind Hand in Hand gehen. Es kam eigentlich auf ein lebendiges Paradox an. Das Kind sollte sich nicht als der Mittelpunkt des Lebens fühlen, und trotzdem musste man, wann immer möglich, für die Sorgen und Anliegen des Kindes da sein. Wann immer möglich, das hieß: wie es echter Liebe entsprach. Manchmal konnte man auch nicht, musste anderes tun, und auch dies musste das Kind durch die klare Art des Erwachsenen einfach merken. Wenn es klar genug war, ließ das Kind einen sehr gern unmittelbar in Ruhe – auch dies war wieder eine gute Gewohnheitsbildung. Man lernte einfach sehr lebendig und harmonisch, wann die richtige Zeit war und wann nicht.

Das Kind musste sich geliebt fühlen – aber es durfte nicht eine ‚Prinzessin auf der Erbse' werden. Es war Kind und nicht Kaiser oder Königin. Auch das Kind hatte Pflichten.

Und wenn es auch diese lernen durfte, liebte es den Erwachsenen erst richtig. Dann erst lebte man zusammen, dann erst lebte die Liebe untereinander.

Im Grunde war das Kind auch hier stolz, seine Pflichten gut zu erfüllen. Das gerade war das Wunder der geliebten Autorität – dass das Kind immer wieder alles in Liebe für einen tat, so wie man selbst ja umgekehrt auch. Das Schulkind liebte es, ‚den Vater arbeiten zu lassen', wenn die Mutter es sagte. Es übernahm gern und in voller Selbstverständlichkeit seine Pflichten, wenn dies in ganz natürlicher Weise und dem Alter angepasst eingeführt wurde.
Und genauso gern machte es für den Lehrer die Hausaufgaben, wenn der Lehrer das Wesen des Kindes nur richtig verstand und den Unterricht lebendig und schön gestaltete.

Das Wunder der geliebten Autorität war unerschöpflich. Das Kind mit seiner Liebe zur Autorität war selbst ein wunderbares Wunder, ein Wunder an Liebe und immer wieder ein Wunder an gutem Willen...

*

Dann begann die Jugend.
Welch eine ungeheure Entwicklung bedeuteten wiederum diese dritten sieben Jahre, die den jungen Menschen ins Erwachsenenalter führten!
Man sprach von Pubertät oder Geschlechtsreife, aber das, was sich jetzt ans Licht rang, war viel umfassender. Es war nicht nur die zart beginnende Liebe zum anderen Geschlecht, sondern eine ganz neue Liebe zur Welt überhaupt.

So, wie das kleine Kind unmittelbar seinen physischen Leib ausbildete, so lebte das Schulkind bis zur Pubertät mit einem Schwerpunkt in den Lebensprozessen. Mit der Pubertät, mit dem Beginn der Jugend, wurde dann erst in eigentlichem Sinne das Seelische bis in seine Tiefen allmählich frei.

In anderer Weise konnte man sagen: Das kleine Kind lebte noch gleichsam schlafend in seinem Willen, der die Grundlage für die unmittelbare Nachahmung war. Das Schulkind lebte dann gleichsam träumend vor allem in seinem Fühlen. In diesem Fühlen lebte das Bedürfnis nach Schönheit. Und zugleich war das Fühlen die Grundlage für das Prinzip dieses Lebensalters: das Hinblicken auf die Autorität. Und wenn sich das Kind unbewusst in seinem inneren Entwicklungsstreben verstanden fühlte und in dem Erwachsenen ein ebensolches Streben anwesend fühlte, dann war ein solcher Erwachsener eine *geliebte* Autorität...

Mit der Jugend begann die eigentliche Lebensepoche des Denkens. Nun lebte in der Seele nicht mehr vor allem eine Sehnsucht nach Schönheit, sondern ein Ringen um Wahrheit. Teilweise heftig fällten die jungen Menschen nun Urteile – und indem diese Urteile dann auf die Wirklichkeit trafen, wurde die Urteilsbildung geübt. Durch heftige Prüfungen und Widerstände hindurch kämpfte das Denken um eine zunehmende Reinheit, eine zunehmende Freiheit von allem Übernommenen, aber auch von eigenen Vorurteilen und Sympathien.

In der Jugend begann langsam die Fähigkeit der Urteilsbildung und das Ringen darum, das Denken wirklich selbstständig zu machen und zu einem Organ für die Wahrheit zu machen.

Man konnte sich dieses Erwachen des Denkens nicht bedeutsam genug vorstellen. Die Jugend war wirklich ein Erwachen – und sollte dies auch sein. Dies war das tiefste Ziel dieser Jahre: ein wirkliches, ein tiefes *Erwachen*.

Das Prinzip dieser dritten sieben Jahre war darum nicht mehr Nachahmung, nicht mehr Autorität, sondern Urteilsbildung und Freiheit. In der immer reineren Bildung der Urteile wuchs der junge Mensch der wahren inneren Freiheit entgegen. Und in der äußeren Freiheit, die ihm immer mehr entgegenkam, wurde er zu der Fähigkeit und Verantwortung seines eigenen Denkens erweckt und ermutigt...

Nun suchte der junge Mensch wirklich im besten Sinne nach Vorbildern: nach Menschen, die durch eigenes Streben auf einem bestimmten Fachgebiet, aber auch im Menschlichen selbst eine erkennbare Meisterschaft hatten. Solche Menschen konnten eine tiefgreifende Bedeutung für seinen ganzen weiteren Lebensweg gewinnen, indem der junge Mensch durch solche Begegnungen zum Beispiel ein ganz neues Interesse für ein bestimmtes Fachgebiet gewann.
Aber es konnte noch ein tieferes Erwachen geben. Es war in diesem Lebensalter noch ein anderes Erwachen als Möglichkeit angelegt – als etwas, das an die Oberfläche drängte und das eine noch tiefgreifendere Bedeutung hatte als nur die Begeisterung für ein bestimmtes Fach. Und dies waren die Ideale.

Der Mensch, der die Schwelle der Jugend überschritten hatte, der in seinem Inneren das Erwachen des Denkens erlebte, er konnte tiefe Ideale fassen.
In den Idealen aber fand er eine erste neue Verbindung zur geistigen Welt, die er mit dem Einbruch der Geschlechtsreife im Grunde gerade völlig verließ, um ‚auf der Erde' anzukommen. Ideale aber holten den Himmel auf die Erde. Ideale waren Ideen, die der Mensch selbst zu heiligen Leitsternen seines eigenen Weges machte...
Ideale waren Ideen, denen sich der Mensch nicht nur mit dem Denken zuwandte, sondern als ganzer Mensch – das Fühlen und das Wollen wurden von einem Ideal begeistert, ja, erhoben eine Idee erst zu einem Ideal. Der Mensch heiligte eine Idee und nahm sie in heiligem Empfinden in seinen Willen auf.

Und wie rein konnten die Ideale der Jugend sein! Wie rein und heilig konnte ein solches Ideal wie Gerechtigkeit oder Brüderlichkeit in einem jungen Herzen mit einem jungen Denken empfunden und erlebt werden!

Der Erwachsene war nur allzu leicht geneigt, das alles als einen schönen, aber naiven Idealismus der Jugend anzusehen. Er war nur allzu leicht geneigt, so etwas wie Ideale als eine Illusion anzusehen, eine Träumerei, die in einem gewissen Lebensalter schön war, irgendwann aber von der Realität eingeholt wurde.

Was ein solcher Erwachsener aber völlig übersah, war, dass nur *er selbst* von der Realität eingeholt worden war. Er übersah, dass Ideen und Ideale eine wirkliche Realität waren – und er übersah, dass auch der Mensch erst mit Idealen eine wirkliche Realität war. Ideale machten den Menschen erst zum *Menschen*. Ohne Ideale war der Mensch selbst nur ein Ideal, eine bloße Möglichkeit. Erst, indem er seine Seele mit einem Ideal erfüllte und durchglühte, begann der Mensch in Wahrheit, in die Wirklichkeit zu treten...

Das Wesen des Menschen war Entwicklung – aber nicht äußere, sondern innere Entwicklung. Jedes Ideal entzündete im Menschen ein Licht, das ihn auf seiner eigenen Entwicklung begleitete und ihm voranleuchtete. Ohne Ideale war keine Entwicklung möglich. Nur ein Mensch mit Idealen konnte sich entwickeln – mochten ihm die Ideale nun bewusst sein oder nicht. Jeder Mensch mit einem Entwicklungswillen trug ein Ideal in sich...

Mochte jemand die Verwirklichung eines Ideals noch so sehr von der *Außenwelt* erwarten, es wirkte dennoch auch in ihm. Jeder, dem etwa Gerechtigkeit ein tiefes Ideal war und der sich innig nach einer gerechteren Welt sehnte, wurde auch in seinem eigenen Leben mit Momenten konfrontiert, in denen die Gerechtigkeit ihm selbst mangelte. Ein wirkliches Ideal führte, wenn man aufrichtig genug war, früher oder später auch zu einer zunehmenden Selbsterkenntnis und einem zunehmenden Streben, dieses Ideal in *sich selbst* immer mehr wahrzumachen.

Und auch dies selbst, die innere Entwicklung, konnte immer mehr *selbst* ein Ideal werden. Immer bewusster konnte man eine wirkliche Sehnsucht danach entwickeln, eine innere Entwicklung zu ergreifen und wahrzumachen. Immer stärker konnte man den Vorsatz fassen, es mit Idealen auch bei sich selbst ernst zu meinen. Es mit der ehrlichen Selbsterkenntnis ernst zu meinen. Die eigene innere Entwicklung wirklich ernst zu nehmen – und aus allem, was auf diesem Weg wichtig war, selbst wiederum ein Ideal zu machen...

Das Ideal war eine Idee, die in das Feuer des eigenen Willens aufgenommen wurde. Wenn die innere Entwicklung selbst zum Ideal wurde, kam der Mensch seinem eigenen Geheimnis und der göttlichen Welt zutiefst nahe...

Aber auch die Begegnung mit dem anderen Menschen konnte zu einem Ideal erhoben werden. Auch hierin lebte das Geheimnis des Menschen, das Geheimnis der Liebe.

Der jugendliche Mensch konnte dieses Ideal zunächst in Bezug auf einen einzelnen Menschen fassen bzw. erleben. Das Ideal der romantischen Liebe umfasste eigentlich alles, was die menschliche Begegnung heiligte: Tiefes Verständnis füreinander, tiefes Eingehen aufeinander, tiefe Zuneigung füreinander... Und zugleich: ein liebendes Freilassen des Anderen. Nur Hoffnungen, aber nicht Erwartungen. Jede Erwartung oder Forderung verletzte das Ideal – und das aufrichtig fühlende Herz empfand dies...

Wie sehr konnte in dem jungen Menschen dieses wunderbare Ideal glühen! Und wie wahr und schön lebte in einem solchen jungen Menschen dann das wirkliche Ideal einer solchen zarten Liebe!

Die Jugend war die Zeit der Ideale. Aber sie war die Zeit des *natürlichen* Idealismus. Ideale waren die Brücke zwischen dem Menschen, wie er war, und dem wahrhaft Menschlichen. Ein Mensch ohne Ideale verlor diese Brücke – er wurde immer mehr auf das beschränkt, was er gerade war, er verlor überhaupt alle Entwicklungsimpulse, alle Möglichkeit der Entwicklung ... wenn nicht das Schicksal durch Lebensprüfungen ihn doch wiederum vor neue Aufgaben stellte und eine Entwicklung von außen anstieß.

Wenn der Mensch menschlich bleiben wollte, musste er die Brücke zu dem schlagen, was er werden konnte. Menschlich war der Mensch, wenn er immer auf dem Weg zu dem war, der er *noch nicht* war. Der Mensch auf dem Weg zu seinem eigenen zukünftigen Wesen – das war der wahrhafte Mensch. Wahrhaft menschlich konnte der Mensch nur dadurch werden, dass er auch jenseits der Jugend einen wirklichen Idealismus behielt – und dies war nur möglich, wenn er sich einen solchen lebendig errang. Der natürliche Idealismus, der sonst unweigerlich verloren gehen würde, musste durch einen bewusst errungen Idealismus fortgesetzt werden.

Die Jugend lebte mit dem ihr eigenen Idealismus dem älteren Menschen also vor, was sein eigenes Wesen war... Das, was die Jugend noch natürlich hatte, das musste sich der ältere Mensch erringen, wenn er wahrhaft menschlich bleiben wollte. Ein Mensch ohne Ideale, ohne innere Entwicklungsimpulse, ohne innere Leitsterne der weiteren Entwicklung, war innerlich tot – er war tot, schon bevor er starb.

In der Jugend aber erwachte dieses Mysterium, das so zutiefst menschlich war, zum ersten Mal: das Mysterium der Ideale. Und es war unendlich wichtig, dass es hier, in diesen Jahren, erwachte. Es konnte auch *nicht* erwachen... Dies aber war mit einer unendlichen Tragik verbunden, doch diese musste man empfinden können...

Konnte man sich vorstellen, wie sehr das heutige Schul- und Bildungswesen das Erwachen der Ideale *verhinderte*? Konnte man aus dieser Frage einmal eine tiefe Besinnung machen und sich davon erschüttern lassen? Wenn man diese Frage aus der Sicht der geistigen Welt betrachtete, in der wirklich höhere, göttlich-geistige Wesenheiten darauf warteten, dass der Mensch zum Erwachen von Idealen finden würde; dass er zum Erwachen seines eigenen Wesens finden würde ... und wenn man dann erlebte, dass dies *nicht* geschah...
Wenn dies nicht geschah, verlor der Mensch ein Unendliches, denn er verlor sich selbst. Er fand sich selbst nicht, er kam nicht dazu, sein eigenes Wesen zu finden. – Die Schule entwickelte alles Mögliche, angefangen bei der ‚Frühförderung'. Aber was, wenn es sich unzählige Male ereignete, dass gerade die Entwicklung von Idealen verschüttet und verhindert wurde? Was, wenn auf diese Weise das ureigenste Wesen eines jungen Menschen verschüttet blieb, das eigene Finden seiner selbst verhindert wurde?

*

Man konnte sich von Fragen dieser Art nicht genug erschüttern lassen – man konnte sie nicht tief genug zu einer Besinnung machen ... um durch das, was man dann in einer solchen Besinnung an erschütternden, inneren Erlebnissen hatte, zu einer tiefen, heiligen Sehnsucht nach einer ganz anderen Idee von Pädagogik zu kommen.
Diese Idee aber war zugleich eine solche, die man in dem Maße bereits erlebte und erfasste, in dem man das wahre Wesen des sich entwickelnden Kindes und jungen Menschen immer tiefer erlebte und erfasste.
Das ganze Erleben der *Wahrheit* der Gedanken über das junge Kind und sein nachahmendes Wesen, über das ältere Kind und seine tiefe Sehnsucht nach Schönheit und sein inneres Bedürfnis, der geliebten Autorität folgen zu können, schließ-

lich über den jugendlichen Menschen und sein Erwachen für das Denken, für die Urteilsbildung, für die Ideale – das ganze Erleben der Wahrheit dieser Gedanken führte zu einem Erleben einer umfassenden Idee wahrer Erziehungskunst. Und in der Liebe zu dem jungen Menschen konnte diese Idee selbst wiederum zu einem Ideal werden...

Die umfassend geahnte Idee einer gleichsam heiligen, wahrhaft menschlichen Erziehungskunst war aber wiederum nur ein Beispiel.
Indem der Mensch alles, was ihn an Gewordenem umgab, einmal fallen ließ, um sich ganz dem *Wesen* einer Sache zuzuwenden, konnte er zu Gedanken kommen, die das Wesen einer Sache wirklich berührten, sanft umfassten und so zu umfassenden, wahrhaft menschlichen Erkenntnissen kamen.
Diese Erkenntnisse waren dann nicht mehr pragmatisch oder von dem Wesen fremden Zwecken und Intentionen beeinflusst und beeinträchtigt. Es waren Erkenntnisse, die ausschließlich *eine* Intention hatten: das Wesen rein zu erkennen und seiner Entwicklung und Verwirklichung zu dienen.

Die Idee der Erziehungskunst, die aus einer solchen Erkenntnis hervorging, diente nur dem Wesen und der Entwicklung des jungen, werdenden Menschen – sie diente keinerlei Zwecken, die in die Erziehung etwas nicht mehr wahrhaft Menschliches hineinbringen würden.
Zugleich war eine solche Erkenntnis auch nicht von Voraussetzungen beeinflusst, die falsche Urteile oder Erkenntnisse enthielten. Sie war voraussetzungslos. Sie entsprang unmittelbar einer Erkenntnis des Menschenwesens selbst. Sie griff nicht auf Forschungen und Forschungsergebnisse zurück, die bereits von einem mangelhaften Menschenbild und einer mangelhaften Erkenntnis ausgingen oder ausgehen konnten.
Mit einer gereinigten Urteilsbildung und vertieften Kräften des Denkens und Empfindens wurde nur auf das Wesen des

Kindes und des jungen, werdenden Menschen selbst geschaut. Nicht der Intellekt urteilte dann, sondern das Denken wurde vom Wesen des Menschen selbst ‚belehrt'. Einem solchen Denken offenbarte sich das Menschenwesen selbst – und aus einer solchen *wahren* Erkenntnis konnte sich dann die wahre Idee einer Erziehungskunst herausgestalten.

Aber wenn dies möglich war, dann konnte dies auch für alle anderen Bereiche des menschlichen Lebens geschehen. Dann konnte man auch über das Wesen des sozialen Zusammenlebens wahre Gedanken bilden, über das Wesen einer gesunden, harmonischen Landwirtschaft, über das Wesen einer wahrhaft menschlichen Medizin...
Wenn man sein Denken geläutert und vertieft hatte, konnte man über all diese Bereiche des menschlichen Lebens Gedanken bilden, die immer tiefer das Wesen der Dinge selbst erfassten – und die dann ohne allen Einfluss wesensfremder Faktoren, Einflüsse und Urteile weitergedacht werden konnten, bis die wahrhaft menschliche Erkenntnis klar und leuchtend da stand...

Was war der Mensch? Diese Frage hatte man immer mehr sich vertiefend in einer Art wachsenden Entwicklung beantwortet, ohne je fertig zu sein. Aber die Wahrhaftigkeit in dieser Frage hatte man immer reiner gemacht – und gerade dies hatte die fortwährende Vertiefung der Antwort gegeben.
Wenn man aber nun in einer sich immer mehr erweiternden Tiefe diese Frage und ihre Antwort erfasste, so konnte man auch auf die Frage, wie der Mensch die menschlichen Zusammenhänge gestalten konnte, so dass sie seinem wahren Wesen gemäß werden konnten, ganz neue Antworten finden.
Was war der Mensch? Die immer wahrere Antwort auf diese Frage würde auch die menschlichen Zusammenhänge immer wahrhafter menschlich machen können.

Man durfte nur nicht aufhören, die Frage nach dem Wesen des Menschen immer höher, heiliger und umfassender zu stellen. Und man musste auch den Mut haben, die Antworten jenes Menschen in tiefstem Ernst auf sich wirken zu lassen, der diese Frage in unserer Zeit ernster gestellt und höhere, heiligere und umfassendere Antworten gefunden hatte als jeder Andere: Rudolf Steiner.

Was war der Mensch?
Auf diese Frage gab es keine jemals fertige Antwort, es gab nur eine immer weiter sich *vertiefende* Antwort. Die Antwort, die in dem eigenen, erkennenden Wesen wachsen konnte, war eine, die sich in immer größere Tiefen senkte, in immer freiere Höhen erhob, in immer ausgedehntere Weiten erstreckte. Aber diese Antwort wuchs nur, wenn *man selbst* diese inneren Bewegungen zu vollziehen vermochte – in eine immer größere Tiefe, in immer heiligere Höhen und in eine immer freiere, berührendere Weite...
Was war der Mensch? Der Mensch war ein Wunder. Aber er musste dieses tiefe Mysterium, das er war, selbst verwirklichen und selbst entdecken. Er musste das Entdecken, das Erkennen dieses Mysteriums selbst verwirklichen. Dies war ein allergrößtes Abenteuer – und es vollzog sich in einem Reich geistigen Erlebens.
Das Wesen des Menschen war ein Wunder. Doch dieses Wunder war im einzelnen Menschen zunächst nur ein Keim, eine Anlage, als eine Möglichkeit angelegt. Er musste es selbst zu einer Wahrheit, einer Realität machen. Indem er das Wunder des Menschen erkannte, begann er damit ... und vor seinem erkennenden Auge tat sich ein Reich auf, das alle Märchenreiche übertraf, denn hier stand der Mensch nun in voller *Realität* vor dem Wunder seines eigenen Wesens und konnte in voller Realität all dasjenige erleben und durchmachen, wovon die Märchen nur in Bildern berichteten...

Aber was war nötig, um vor diesem Mysterium zu stehen und dieses einzigartige Reich zu betreten? Wie trat der Mensch ein in dieses Reich des Wunders ... das er selbst war?
Es gab nur einen Weg, der in dieses Reich und zu diesem Mysterium führte. Dieser Weg war die wachsende Erkenntnis, das wachsende Erleben dieses Mysteriums. Dieses stand

nicht am Ende des Weges, sondern der Weg führte in jedem Moment tiefer in das Mysterium hinein.
Der Weg bestand in der Vertiefung und Heiligung der Seelenkräfte und in der Entfaltung der reinen Kräfte des Geistes. Jede Vertiefung und jedes Reinerwerden der Seele führte tiefer in die Erkenntnis hinein.
Auf diesem Weg kam die Seele zu sich selbst. Nicht mehr verlor sie sich in der Außenwelt oder in dem selbstentfremdeten Grübeln über sich selbst. Sie tauchte ein in ihre eigenen Tiefen, sie tauchte ein in das wirkliche Erleben. So vertiefte sie ihr Erleben und erlebte daran die Tiefe der Welt, aber auch die Tiefe ihres eigenen Wesens. Alles wurde tiefer. Die Welt wurde immer tiefer, aber die Seele wuchs mit der Welt immer mehr zusammen. Die Welt war so tief wie die Seele, und die Seele war so tief wie die Welt.

Aber jedes Erkennen verdankte sich einem Denken. Je mehr das Erleben sich mit dem Licht des Denkens verbinden konnte, desto mehr trat es ein in das lichte Reich wirklicher Erkenntnis.
Ein bloßes Erleben ohne dieses Licht des Denkens bliebe Mystik – im bloßen Erleben bliebe der Mensch im Reich der Mystik, ein Reich, in dem er in zauberhaften Nebeln oder gar im Dunkel bliebe, oder in dem er, selbst wenn es eine sanfte Sonne hätte, das Wesen dieser Sonne gar nicht erkannte... Diese sanfte Sonne war das, was durch das Wesen des Denkens dieses Reich sanft beschien und so erst in all seinem Zauber sichtbar machte. Diese sanfte Sonne war das Erkennen selbst – jenes allergrößte Wunder, das dem Menschen *auch* geschenkt war und ohne das alles nichtig wäre, ein nebelhafter Traum...
Der Weg, der in das Mysterium hineinführte, musste also Hand in Hand gehen mit einer Entfaltung der wahren Kraft und des wahren Wunders des Denkens, aus dessen Entfaltung die sanfte Sonne der Erkenntnis hervorging.

Um dieses Wunder, das wahre Wesen des Denkens, zu entfalten, musste wiederum eine endlose Reihe von Vorurteilen verlassen werden – man musste sie einfach hinter sich lassen, ganz neu zu gehen beginnen, wie wenn man frei die allerersten Schritte tat...
Das wahre Wesen des Denkens war nicht kalt und ertötend, es vernichtete den Zauber nicht. *Dieses* Denken wollte man gerade hinter sich lassen – aber dieses Denken war nicht sein wahres Wesen. Auf dem Weg des Mysteriums brauchte man die Gabe des Denkens, aber man brauchte sein wahres Wesen. Dieses war gerade der Führer und der heilige Hüter auf dem Weg, denn es war das Licht...
Auf Erden gab es kaltes und warmes Licht. Aber das wahrhaft menschliche Licht des Denkens war nicht kalt, sondern warm. Da, wo es kalt war, hatte es seine Wärme verloren, aber sein Wesen *war* nicht kalt, es war warm. Wo das Denken kalt war, musste es sein eigentliches Wesen wiederfinden. Es hatte dieses Wesen unter dem Einfluss anderer Mächte verloren, sein wahres Wesen war in eine Gefangenschaft geraten, war eingesperrt in einem dunklen Verlies...

Das wahre Denken war nicht nur das Licht auf dem Weg. Der Mensch würde ohne dieses wahre Denken den Weg auch gar nicht gehen können. Hatte er nicht das warme Leuchten des wahren Denkens, so konnte er überhaupt nicht gehen, nicht einmal den Eingang in das Reich der Mystik und des Zaubers würde er finden. Sobald er auch nur den Eingang in dieses Reich fand, war es bereits das warme Licht des wahren Denkens gewesen, das ihn geführt hatte.

Dieses Denken war es, das der Mensch finden musste. Wenn er auch nur verstand, was das Reich des Zaubers war oder sein konnte; wenn er in der Seele auch nur einen Hauch dieses Reiches erlebte, wenn er erlebend in die Schönheit der Welt eintauchte und diese zu sehen begann, so *hatte* er dieses

Denken schon, hatte er schon begonnen, es zu entfalten. Nun musste er nur noch beginnen, sich dessen bewusst zu werden. Er musste lernen, das Wunder des Denkens bewusst zu entfalten und das Reich des Wunders und des Zaubers bewusst zu betreten. Das wahre Denken war seine Fähigkeit, und *sie* war es, mit der er alle Wunder sah.
Indem der Mensch diese wahrhaft menschliche Fähigkeit entfaltete, wurde er wahrhaft Mensch – und die wahre Gestalt der Welt, mit all ihrem Zauber, entfaltete sich vor ihm, vor seinen Augen, die erst durch das Licht des Denkens wahrhaft *sehend* wurden.

Was nützte es, wenn man tief empfand, wenn das Fühlen eine Tiefe und Reinheit bekommen hatte und man in dieser tiefen und reinen Weise erleben konnte ... aber das Denken gar nicht *erkannte*, was man erlebte und sah? Wenn das Denken für das, was man fühlte und empfand, gar keine Begriffe hatte, oder wenn die Begriffe dafür wieder viel zu unzureichend und zu gewöhnlich waren, das Empfundene wieder in ihren Bereich hinabzogen?
Die Tiefe im Gefühl konnte gar nicht leben, wenn nicht die Begriffe ebenso tief und rein wurden wie die Empfindungen selbst – oder die Empfindungen konnten sich nur im völligen Dunkel erhalten, unter einem Schweigen des Denkens. Fühlen und Denken konnten nur zusammengehen, wenn beide *dieselbe* Tiefe, dieselbe Reinheit hatten – wenn im Denken heilige, wahre Begriffe für dasjenige leben konnten, was das Fühlen fühlte...
Im Fühlen, im Empfinden, lebte in der Seele fast immer sehr viel mehr, unendlich viel mehr, als in dem, was das gewöhnliche Denken an gewöhnlichen Begriffen umfasste. Die gewöhnlichen Begriffe, das ganze gewöhnliche Denken passte überhaupt nicht zu dem, was im Fühlen der Seele sehr wohl noch bisweilen erlebt oder geahnt wurde – auch dann, wenn das Gefühl bereits ebenfalls schwach, oberflächlich und

selbstbezogen geworden war. Trotz allem hatte das Fühlen noch eine Empfindsamkeit für das Wunder, in manchen Augenblicken – doch das Denken hatte keinerlei Begriffe mehr dafür...
Das Fühlen musste wieder unendlich viel heiliger, reiner und tiefer werden, um das Reich der Wunder wirklich wieder betreten zu können – aber das Denken musste sich vollkommen verwandeln. Das Denken war noch viel mehr erstorben als das Gefühl, es war im Grunde *völlig* erstorben.

Aber der Mensch konnte lernen, auch dies zu erleben – den Tod, die Abstraktheit und die Kälte seines gewöhnlichen Denkens wirklich zu erleben. Aus dem Erleben des Todes heraus konnte dann eine Ahnung wachsen, was geschehen musste, um zu einem neuen Leben zu kommen.

Denken und Fühlen mussten wieder eine Reinheit gewinnen und beide wiederum ein neues Leben – und sie mussten wieder eine Verbindung miteinander finden.
Und doch durfte man nicht einfach versuchen, das Denken mit seinem Fühlen neu zu beleben. So käme man allzuschnell nur zu der bloßen Vorstellung und Illusion eines neuen, belebten Denkens, aber das Denken *selbst* wäre gar nicht verwandelt, vielleicht nicht einmal die Gefühle. Zwischen einem Ein-bisschen-intensiver-Fühlen und einem wirklich anderen, neuen Fühlen gab es einen abgrundtiefen Unterschied. Und zwischen einem durch einige Gefühle angereicherten Denken und einem wirklich anderen, vollkommen neuen Denken, lag erst recht ein unüberwindlicher Abgrund.
Nicht das Denken musste mit Gefühlen angereichert werden, die nur die Illusion erzeugen konnten, dass es ein anderes geworden wäre, sondern es musste *sich selbst* verwandeln – und dann würde es in unendlicher Tiefe auch wiederum das Fühlen reich machen...

Erst das neue Denken würde neue Gefühle erwecken können. Ohne Einfluss der noch immer alten Gefühle musste es selbst ein vollkommen Neues werden wollen. Der Mensch musste im Erleben der Totheit seines bisherigen Denkens *im Denken selbst* zu einer Auferstehung kommen. Rein bleiben musste das Denken von allen bisherigen Gefühlen, nur in sich selbst musste es die Lösung suchen. Rein in sich selbst musste es seinen eigenen Tod erleben und inmitten des Todes die Sehnsucht nach einer Auferstehung...
Rein und allein mit sich musste das Denken die Frage nach seinem wahren Wesen stellen.

Es war der Mensch selbst, es war das Ich, das im Denken, im Fühlen und im Wollen lebte. Aber nicht nur das Ich lebte in diesen Seelenkräften, sondern es machten sich auch Impulse geltend, die aus dem Leib aufstiegen, die aus der Umwelt aufgenommen worden waren, die irgendwie in das Gewohnheitsleben übergegangen waren ... und in all diesen Kräften wirkten auch die Widersachermächte. Das Ich identifizierte sich zunächst mit all dem, aber das Ich *war* dies nicht, es war etwas anderes, es konnte sich alledem gegenüberstellen, und es konnte sich davon frei fühlen, selbst da, wo es von alledem noch beeinflusst war. All diesem gegenüber konnte das Ich sagen: Das bin *nicht ich*. Dies war die allmähliche Befreiung des Ich...
Aber was war dann das wahre Wesen des Denkens, in dem das Ich lebte und in dem es tätig war, weil es das Denken gerade entfaltete? War das Denken ein Mittel, um zielgerichtet zu erreichen, was man selbst wollte? Die eigenen Zwecke, die wiederum mit dem Selbstbezug des Gefühls verkettet waren?
In dem Maße, in dem das Ich sich allem Übrigen gegenüberstellen konnte, konnte es erleben, wie sehr eine *solche* Vorstellung das Wesen des Denkens gerade vergewaltigte. Sie brachte das wahre, das in seinem Innersten *reine* Wesen des

Denkens unter die Gewalt des noch ganz unreinen, unverwandelten Ichs, dem seine eigenen Ziele, Lüste und Begierden – mit denen es sich noch ganz identifizierte – das höchste Ziel und der höchste Zweck waren.
Wenn das Denken aber nicht der Erfüllung solcher Ziele des Ich diente – wem diente es dann?

Das reine Denken, das vom Ich so gehandhabt wurde, dass selbst das Ich das Denken von allen eigenen, unverwandelten Begierden und Impulsen frei hielt, stand frei und ohne jeden anderen Einfluss vor dem Wunder. Das Denken war ein Organ der Wahrheit. Im Denken offenbarte sich die Wahrheit. Die Gedanken, die sich formten, offenbarten in und durch sich und in und durch die Verbindungen, die sie miteinander eingingen, die Wahrheit. Das Denken, das in absoluter Reinheit entfaltet werden konnte, wob das Gewebe der Wahrheit, das vor dem geistigen Auge entstand und von diesem angeschaut werden konnte...

Dies war das wahre Wesen des Denkens – so rein musste es vom Ich entfaltet werden, so rein musste das Ich seine Entfaltung zulassen. Das Ich entfaltete das Denken, aber es bestimmte in letzter Hinsicht nicht den Inhalt des Denkens. Die Reinheit, die das Ich sich und dem Denken errungen hatte, bestimmte die Reinheit, die das Denken gewinnen konnte, aber dann wurde die wahre Gestalt des Denkens von etwas anderem bestimmt. Nicht das Ich, sondern das *Wesen der Wahrheit* selbst bestimmte nun das Denken, konnte sich offenbaren.
Je mehr sich das Ich allem unverwandelten Seelischen gegenüberstellen konnte, um all dieses zu verwandeln, desto realer konnte das wahre Wesen des Denkens erlebt werden. Je weniger das Ich nur selbstbezogene, zweckgerichtete, ‚eigene' Gedanken dachte, desto mehr konnte es erleben, dass das Denken selbst etwas Reales war – oder werden konnte. Es

erlebte, dass jeder einzelne *Begriff* bereits etwas Reales war – nicht nur etwas ‚Gedachtes', sondern eine Realität.
Der Gedanke der ‚Treue' etwa war im eigenen Denken zunächst nur ein Gedanke. Wenn man sich aber bewusst machte, was man dann eigentlich dachte, konnte sich das eigene Leben und Wesen der Gedankenwelt entfalten. Dann war ein Gedanke nicht mehr einfach nur ein Gedanke. Konnte man ihn im Denken wirklich einmal stark und lebendig denken und in größter Stärke *aufrechterhalten*, den Mittelpunkt des Denkens bilden lassen, so entfaltete er etwas, ein ganz neues Wesen – sein wahres Wesen.
‚Treue' war dann nicht einfach nur ein Gedanke, sie *war* etwas. Treue war etwas im Weltenganzen, und indem man den Gedanken dachte, konnte sich dieser wirklich zu dem *Begriff* der Treue erweitern – dieser Begriff aber war ganz und gar das Wesen der Treue. Man tauchte tief ein in den Begriff, und tief erlebend verstand man zum ersten Mal wirklich und existentiell, was Treue war, denn man erlebte in diesem Moment unmittelbar ihr Wesen.

Wenn man wirklich so tief zu denken begann, entfaltete sich im Denken das Wesen der Dinge, entfaltete alles sein Wesen, es offenbarte sich in seiner ganzen Tiefe. Das Denken war ein Organ für die Wahrheit – und die Wahrheit war das Wesen der Dinge. Indem der Mensch etwas in sein Denken aufnahm, wurde er mit dessen Wesen eins.
Dies war das wahre Mysterium des Denkens.

Dieses Mysterium des Denkens musste gefunden werden. Das Ich konnte dieses Mysterium finden, wenn es sich von all jenen Mächten befreite, die es an Selbstsucht, Begierde, unverwandelte Vorstellungen und feste Begriffe ketteten. Sich selbst musste das Ich befreien – dann konnte es auch das Denken befreien, freilassen, frei entfalten und dabei zulassen, dass das Denken die Wahrheit entfaltete.

Reinigung, Läuterung und Befreiung – das war der Weg in das Reich des Wunders, in das Reich der lebendigen Wahrheit.

Jeder einzelne Schritt auf diesem Weg bestand aus Übung. Das, was notwendig war und geschehen sollte; das, was immer mehr wirklich eine Erkenntnis und Sehnsucht wurde, das musste geübt, es musste immer wieder versucht und getan werden. Alle Läuterung, alle Vertiefung bestand nur aus diesem: aus dem Üben, aus dem Versuchen, aus dem Tun. Und allmählich, ganz allmählich, wurde dann aus dem Tun ein Geschehen ... und das, was man tat, *wurde* Vertiefung, wurde Läuterung...
Man konnte nichts anderes tun, als anzufangen. Den Begriff der Treue wirklich einmal zu denken versuchen. Nicht nur den Gedanken zu haben, sondern den Gedanken mit Begriff zu erfüllen, mit Erleben zu erfüllen; den wirklichen Inhalt dieses Gedankens zu erleben, zu begreifen, zu denken. All das *war* ein Denken, aber dieses Denken musste immer wirklicher werden, immer klarer und bewusster, immer heller.
Man musste immer mehr erleben, dass dies etwas Wirkliches war, dass man wirklich etwas tat und wirklich etwas erfasste. Dass man in einem solchen wirklichen, innerlich wirklich tätigen Denken das reale Wesen erfasste, das reale Wesen der *Treue*. Real musste das Erleben werden – dann erhob sich im tätigen Denken und vor dem inneren geistigen Auge auch das reale Wesen der Treue. Es stand auf einmal da, es erstand vor dem inneren Auge, denn es wurde *gedacht*.

Und dies war nur der Beginn des Übens. Es war der Beginn eines Weges, der nie mehr aufhören sollte. Dies zumindest war der heiligste Segenswunsch, den es gab:
O Mensch, möge Dein Üben, das Du mit diesem Schritt begonnen hast, nie mehr aufhören. Möge der heilige Wille, mit dem Du diesen ersten Schritt gesetzt hast, nie wieder erlah-

men – möge er nur um so heiliger brennen, je mehr Du auf diesem Weg vorankommen wirst! Denn Du bist auf dem Weg zu dem wahrhaften Mysterium...

Der eine Begriff konnte wieder gedacht werden. Und wieder. Und wieder. Immer tiefer, immer realer, immer mehr in ein reales Erleben der geistigen Wirklichkeit getaucht. Und dann konnten auch andere Begriffe gedacht werden. Immer mehr konnte man eintauchen in das Reich der Begriffe, die bis dahin nur ‚Gedanken' gewesen waren, die man unaufmerksam und beiläufig als ‚eigene Gedanken' gedacht hatte.
Man konnte wirklich eine Art Scham empfinden, wie unbewusst und verständnislos man bisher über das tiefe, das reale Wesen der Dinge hinweggegangen war, hinweggedacht hatte. Seines eigenen Denkens, wie es bisher gewesen war, konnte man sich tief zu schämen beginnen – ein Schein, ein belangloser Nebelschein war es bisher gewesen und hatte alles Andere auch zu einem solchen Schein gemacht...

Nun erst lernte man die Tiefe von allem kennen. Nun erst entfaltete alles für einen sein wahres Wesen. Und man konnte dies als eine heilige, geheiligte Berührung erleben.
Es war einerseits so, dass man die ‚Treue' dachte, dass man in immer weiterer Tiefe das Wesen des Begriffes entfaltete und durchdrang und schon dies einen mit Staunen erfüllte. Immer tiefer drang man zu der Wirklichkeit dessen vor, was Treue war. Aber nun konnte das Gedachte *wirklich* sein Wesen in einer nie geahnten Lebendigkeit offenbaren.
Das intensive Denken eines Begriffes ließ diesen zu einem ganzen geistigen Kosmos werden, und dann geschah etwas. Man war denkend eingetaucht in die Treue, tief erlebend war man mitten in ihr, von ihr umgeben, alles war sie, man selbst wurde erfüllt von ihrem Wesen, alles war Treue, und man *erlebte*, was sie war... In diesem Moment kehrte sich das Erleben gleichsam um. Nicht mehr dachte man den Begriff der

Treue, sondern das Wesen der Treue offenbarte sich im eigenen Denken. Und dieses Wesen der Treue war dann wirklich ein Wesen. Die Treue war nicht etwas Abstraktes, sie war nicht einmal mehr nur ein Begriff, sondern sie war ein *Wesen*. Begriff und Wesen waren eins. Die Wesenheit der Treue trat ein in das Denken, und ihre Offenbarung berührte das Ich zutiefst – das Denken war Ort für die Offenbarung eines Wesens...
Es war wie eine heilige Erwürdigung des Denkens selbst – eine heilige Bestätigung, dass das Denken so rein geworden war, dass sich in ihm nicht mehr nur der Gedanke, auch nicht mehr nur der Begriff offenbarte, sondern das Wesen selbst in tiefstem Sinne. Dies war das tiefe Mysterium: *Alles* war wesenhaft. Begriff und Wesen wurden eins. Die Treue war ein Wesen. Und dieses Wesen konnte so sehr im reinen Denken auferstehen, dass es da war, in einer tiefen Berührung.

Hier lag die Auferstehung des Denkens. Und dies war sein unendliches Mysterium: dass sich in ihm, eins mit ihm, alles Wesen in seiner wahren Gestalt und Wesenheit offenbaren konnte – und dass das Ich in diesem Moment eins mit ihm war und zugleich auch anschauend, berührt, innig erkennend.
Im Denken selbst lag ein Mysterium. Weder das Ich noch die sich ihm offenbarenden Begriffe und Wesen hatten das Denken geschaffen – das Mysterium des Denkens ermöglichte diese Berührung, diese Begegnung von Wesen und Wesen.
Und immer tiefer konnte man ahnen, dass auch dieses größte Mysterium einem Wesen zu verdanken war; dass auch ihm ein reales Wesen zugrunde lag, das dieses Mysterium in letzter Tiefe selbst *war*.
Das Denken war etwas Lebendiges geworden. In ihm offenbarte sich das Wesen der Dinge, das wirklich Wesen war. Alles wurde lebendig – das Denken und die sich in ihm offenbarenden Wesen. Aber wie war dies möglich? Was war das Denken selbst?

Immer mehr wuchs in diesem Erleben eine lebendige Ahnung von dem Begriff des *Logos*, der alles umfasste, alles in sich enthielt, in dem alles war, und nichts war außer ihm... Und immer mehr wuchs das sich vertiefende Erleben, dass dies selbst ein Wesen war, das allerhöchste Wesen, in dem alles sein Leben hatte. Es war das zunehmende Erkennen und die wachsende heilige Gewissheit, dass es ein Wesen gab, in dem und durch das alles einzelne Wesen erst sein Wesen hatte.
Und dieses Wesen lebte im Denken des Menschen. Es war zugleich das Leben und das Licht der Welt...

*

In erschütterndem, heiligem Begreifen stand der Mensch vor dieser Erkenntnis und wusste in demselben Moment, dass dieses Wesen zugleich das Wesen der Liebe war.
Das Wesen der Liebe war der Urgrund von allem, es umfasste alles, es gab allem sein einzelnes Wesen – und es hatte dem Menschen das Mysterium des Erkennens geschenkt. Die von Selbstbezogenheit durchwobene Erkenntnis war das Ergebnis der Widersacher dieses Wesens – doch das tiefste Wesen der Erkenntnis selbst war mit jenem höchsten Wesen verbunden.
Wahre, reine Erkenntnis war immer zugleich reine Liebe, denn sie wurde mit dem Erkannten eins, sie *wurde* im Moment des Erkennens das, was erkannt wurde...

Und so verdankte der Mensch dem Wesen der Liebe sein ganzes Wesen. Im Denken verdankte es ihm die Kraft, die liebend eins wurde mit dem, was sie erkannte, und das Licht des Erkennens selbst, dem sich alles in der Offenbarung seines eigenen Wesens schenkte. Im Fühlen verdankte es ihm das Empfinden der Liebe, die auch im Fühlen hinströmen konnte zu allem Anderen, das der Mensch zu lieben vermochte. Im Willen verdankte es ihm die Kraft des guten Willens, des Willens zum Guten, der wiederum reine Liebe war: Liebe zum Guten; Liebe, die ausströmen wollte, um dort zu helfen, wo Hilfe fehlte...

Der Mensch war wirklich ein Ebenbild Gottes – aber wann würde er in erschütterndem Erkennen begreifen, was dies bedeutete? Wann würde er wahrhaft erkennen, *was er war*, was sein Wesen war? Es ging um etwas, was unendlich weit ging...

Was den Menschen von den Wesen der göttlichen Welt und auch von dem Wunder der ihn sinnlich umgebenden Welt trennte, das war er selbst – es war jener Keil, den er selbst zwischen sich und die übrige Welt trieb, insofern er sich noch dem Wirken der Widersachermächte auslieferte. Aber ihnen *war* er zunächst ausgeliefert.
Es war dieses Wirken, das sein Denken tot und abstrakt, vorurteilsvoll und lieblos machte. Dieses Wirken war es auch, das sein Fühlen selbstbezogen und arm, flach und oberflächlich machte. Und es war dieses Wirken, das seinen Willen lahm, bequem und vor allem auf sich selbst gerichtet werden ließ.
Der Mensch würde die Brücke zur Welt und in das Reich des wirklichen Zaubers und Wunders niemals finden, wenn er dieses Wirken der Widersacher nicht beenden und verwandeln konnte – und er würde dies nie können, wenn er es nicht wirklich zu *wollen* begann.
Alle Schritte und Übungen auf dem inneren Entwicklungsweg waren darauf gerichtet, das Wirken der Widersachermächte zu schwächen und das wahre, das tiefste, von den Widersachermächten nicht berührte Wesen des Menschen wachzurufen und zu stärken.

Dies war auch ein Inkarnationsgeheimnis. Das wahre Wesen des Menschen war teilweise schon da – aber das volle Wesen des einzelnen Menschen war nie voll inkarniert. Die Wirkungen der Widersacher verhinderten diese Inkarnation gerade, sie wirkten ihr entgegen. Und dann waren es *ihre* Wirkungen, die in Leib und Seele lebten.

In dem Maße aber, in dem die Sehnsucht nach einer inneren Entwicklung stärker wurde, wurde die Verbindung des gewöhnlichen Bewusstseins mit dem wahren Wesen des Menschen stärker. Es war dieses wahre Wesen, das dem ‚Alltagsmenschen' dann die Kraft verlieh, wirklich etwas zu tun, wodurch die Wirkungen der Widersacher zurückgedrängt wurden. Und das wahre Wesen des Menschen lebte und wirkte zusammen mit den Wesenheiten der höheren Welt, die alle die wirkliche Entwicklung des Menschen wollten und hüteten – und zu wirken beginnen konnten, wenn auch der ‚Alltagsmensch' wirklich zu wollen begann...

Da aber, wo die Wirkungen der Widersachermächte zurückgedrängt oder aufgehoben und verwandelt wurden, da konnte das wahre Wesen des Menschen in die Seele und sogar in den Leib einziehen, es konnte sich weiter inkarnieren, als es dies bis dahin vermocht hatte. Und so konnte immer mehr derjenige Mensch auf Erden erscheinen, der man wirklich war, Schritt für Schritt erschien das eigene wahre Wesen.

In dem wahren Menschenwesen lebte in jeweils einzigartiger Gestalt das Wunder der göttlichen Welt. Der Mensch konnte in sich selbst das größte Wunder finden, das existierte. In ihm selbst lag die Liebe zum Guten, in aller Tiefe. Er war zu einer Liebe fähig, die so unendlich tief werden konnte, dass er nicht glücklich werden könnte, wenn auch nur ein Menschenbruder oder auch nur ein anderes Wesen noch leiden musste. Er konnte eine solche Liebe in sich finden, dass die Hilfe für andere Wesen, die Liebe zu anderen Wesen sein größtes Glück war. Die Liebe war sein wahres Wesen – sie konnte er in sich finden, wann immer er beginnen würde, sie finden zu wollen.

Und in ihm lebte das Mysterium des Erkennens. Der Mensch war ein geistiges Wesen, und er konnte sich erkennend mit dem Wesen von allem anderen, mit allen anderen Wesen vereinigen. Erkennend konnte er die Schwelle der sinnlichen Welt überschreiten und tat dies bereits in jeder tieferen Wesensberührung. Aber auch in der erkennenden Vereinigung mit der rein geistig-göttlichen Welt gab es keine Grenzen, sondern immer nur neue Mysterien, denn jenes höchste Wesen, dem das Wunder des Erkennens zu verdanken war, war selbst menschlich geworden... Alles, was notwendig war, war der tiefe Wille des Menschen, auch diese Welt immer heiliger zu suchen und sich in seinem Erkennen ihr zuzuwenden und zu ihr zu erheben.

Und dies war das andere Geschenk der göttlichen Welt: seine Freiheit. Der Mensch durfte *wollen*. Selbst das, was sein Wesen war, durfte er noch wollen.

Das Wollen des Menschen war das große Nadelöhr, durch das alles hindurch musste, sogar sein eigener Wille... Der Mensch musste erst lernen zu wollen. Er musste erst lernen, etwas anderes zu wollen, als er bisher gewollt hatte. Er musste erst lernen, sein wahres Wesen zu wollen. Aber er brauchte es nicht – er musste überhaupt nichts.
Die einzige Frage war, ob in ihm eine Sehnsucht wuchs...

Wenn diese Sehnsucht aber zu wachsen begann, so war sie bereits eine Vorbotin des wirklichen, des wahren Willens. Würde diese Sehnsucht groß genug werden, so würde nichts und niemand mehr den wahren Willen des Menschen aufhalten können. Dieser wahre Wille würde sich in allem Bahn brechen und tun, was zutiefst in ihm lag.
In diesem Willen würde die Liebe leben – zunächst vor allem die Liebe zur inneren Entwicklung, aber in dieser verborgen bereits die Liebe in reiner Form, die Liebe selbst.

Auch in aller Sehnsucht nach Erkenntnis, nach Verbindung mit dem Wesen der Dinge, mit den Wesen der höheren Welten, lebte bereits die Liebe; auch die Erkenntnis, die wirkliche Wesensberührung und Wesensvereinigung war immer Liebe. Auch jede tätige Liebe war ein Erkennen, und jedes Erkennen war liebendes Tun, tätige Liebe... Die Mysterien des Erkennens und der Liebe waren selbst innig vereint. *Alles*, was Bedeutung hatte, war Liebe...

Da, wo der Mensch sein tiefstes Wesen suchte, würde er es früher oder später finden. Da aber, wo er es fand, fand er die Liebe. Er fand eine Liebe, die größer war als alles, was er je gekannt hatte. Die Liebe war das Mysterium dieser Welt, die alles verzauberte, in eine allerhöchste Wirklichkeit hob. Die Liebe aber war der Mensch. Ihm war sie geschenkt, ihm war sie gegeben. Als seine Aufgabe. Als seine Suche. Als sein Wesen.

Und alle Kreatur harrte auf das Offenbarwerden der Kinder Gottes...

Golgatha

Die neunte Stunde hatte geschlagen.
Die Erde bebte, atemberaubt.
Da neigte der Gott, der das Kreuz getragen,
Sein dornengekröntes Haupt.
Aus Seiner Liebe Opferschale,
blutete Sein Erlöserblut.

Wiedergeweiht im heiligen Grale
war alle Schöpfung, die in Ihm ruht.
Wiedergekürt und wiedererkoren
war, was aus tausend toten Toren
dem Tod in die tausend Augen sah.
Die Sonne ward in die Erde geboren
im Mysterium von Golgatha.

Manfred Kyber